THÈSE

POUR LE DOCTORAT

PAR

Amaury DE WARENGHIEN.

THÈSE

DE

DOCTORAT

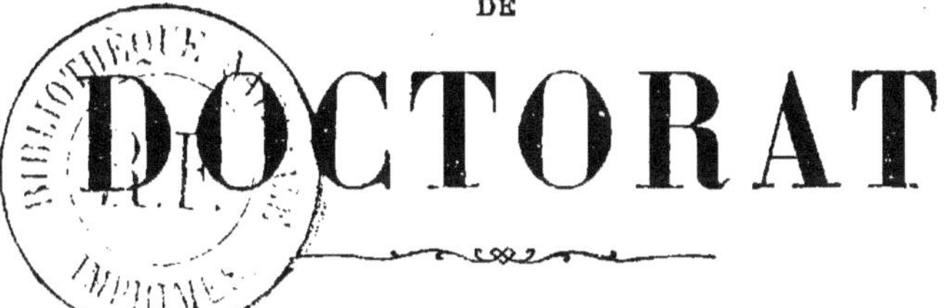

DROIT ROMAIN

DES DÉLITS DE LA PAROLE ET DE L'ÉCRITURE.

DROIT FRANÇAIS

DE LA DIFFAMATION CONTRE LES SIMPLES PARTICULIERS.

L'acte public sur les matières ci-après sera soutenu le Mardi
10 juin 1873, à trois heures du soir

PAR

Amaury DE WARENGHIEN

AVOCAT A LA COUR D'APPEL

Ego si bonam famam mihi servasso, sat ero dives.

PLAUTE.

Honneur vaut plus que vie.

Le candidat répondra en outre aux questions qui lui seront faites sur les
autres parties de l'enseignement.

PRÉSIDENT :   M. BLONDEL,   doyen.

SUFFRAGANTS : { MM. MABIRE,
DE FOLLEVILLE, } professeurs.
ALGLAVE,   agrégés
DE VAREILLES, } chargés de cours.

DOUAI — Impr. DUTHILLŒUL et LAIGLE, rue des Procureurs, 12.
1873.

A ma Grand'Mère.

A mon Père. — A ma Mère.

DROIT ROMAIN.

DÉLITS DE LA PAROLE ET DE L'ÉCRITURE.

INTRODUCTION.

Cette introduction à l'étude des lois Romaines sur les délits de la parole et de l'écriture contiendra la recherche des dispositions qui ont trait à ce sujet dans les législations Anciennes. Ces textes sont fort peu nombreux, et ne prévoient pour la plupart que les plus graves et les plus fréquents de ces délits : la Médisance et la Calomnie. Comme ce sont là les deux formes que peut revêtir la diffamation suivant les temps et suivant les pays, cette étude aura un double intérêt historique :

1° Pour le sujet de Droit Romain , qui est le plus étendu puisqu'il embrasse tous les délits de la parole et de l'écriture, chez les Romains, sauf deux exceptions.

Il ne s'agit ici que des délits commis contre l'honneur et la réputation d'autrui ; seront donc exclus de cette étude :

1° Le faux , qui est un délit de l'écriture , uniquement dirigé contre la propriété ; 2° Les *infidæ advocationes* qui sont un délit de la parole, mais ne rentrent aucunement dans les limites de ce sujet.

2° Pour le sujet plus spécial de Droit Français où il ne sera traité que de la diffamation contre les simples particuliers.

Cette introduction se divise en trois sections :

1° De la Médisance et de la Calomnie chez les Hébreux ;

2° Chez les Egyptiens ;

3° Chez les Grecs.

Après avoir traité des délits de la parole et de l'écriture en Droit Romain, nous étudierons dans une introduction divisée en deux parties :

1° Les dispositions qui les ont régis depuis la chûte de l'Empire Romain d'Occident jusqu'en 1789.

2° Les dispositions du Droit intermédiaire et du Code Pénal de 1810 sur la Calomnie et l'Injure.

Cela servira de transition, au sujet du Droit Français; de la diffamation contre les simples particuliers. En effet, pendant la période du Droit Coutumier, c'est dans les chapitres qui traitent de l'Injure verbale et écrite ; pendant la période qui s'étend de 1789 à 1819 c'est dans ceux qui s'occupent de la Calomnie et de l'Injure, qu'il faut rechercher les règles applicables au délit, que les lois de 1819, lois organiques en notre matière, ont appelé du nom de diffamation.

Cette étude sera surtout intéressante au point de vue de deux questions qui de tout temps ont soulevé des controverses passionnées. Quelle est l'influence de la vérité du fait allégué sur la diffamation ? La mémoire des morts est-elle protégée comme l'honneur des vivants ? Grâce à ce travail, il n'y aura entre les règles des législations grecque et romaine, et celles qui sont aujourd'hui en vigueur, d'autre solution de continuité, que celle causée par l'invasion des barbares. Quand nous aurons embrassé dans un rapide coup-d'œil, toute la législation du passé sur ce point, quand nous aurons vu, comment, dans les différentes sociétés qui tour à tour ont occupé la scène du monde, un même fait a été apprécié au point de vue pénal : toléré par les unes, puni sévèrement par les autres, il ne nous restera plus qu'à tourner nos regards vers le présent. Il nous sera alors facile de voir à quelle source le législateur Français a puisé les dispositions qui nous régissent aujourd'hui

SECTION Ire.

Médisance et Calomnie chez les Hébreux.

Le législateur Hébreu avait eu soin de protéger l'honneur de chacun contre les attaques dont il pouvait être l'objet : La Médisance et la Calomnie sont toutes deux défendues : « *A detractione linguæ parcite*, dit » l'Ecclésiaste (1). » Dans un autre passage se trouve la recommandation suivante : « *Non facies calumniam* » *proximo tuo* : Vous ne calomnierez point votre pro- » chain : Ne soyez pas médisant ; ni en public , ni en » secret : *Non eris criminator nec susurro in populo* » *tuo* (2). »

« La bonne réputation vaut mieux que les parfums » précieux (3)». Celui qui veut la détruire par le mensonge est plus à craindre que le voleur : celui-ci en veut seulement à l'argent ; le menteur attaque la vérité, la réputation, l'honneur : *Potior fur quàm assiduitas viri mendacis.*

Salomon n'épargne pas davantage les médisants ou ceux qui disent d'autrui le mal qui est en réalité. « Ils » sont semblables , dit-il , à des serpents qui mordent » sans faire de bruit... Ils sont sûrs d'être écoutés » parce que l'on aime la médisance.... Ils sont l'abo- » mination des hommes (4).

« De même que le feu s'éteint lorsqu'on ôte le bois , » ainsi les querelles sont bannies, lorsqu'on éloigne le » semeur de rapports. »

Les Hébreux mettaient donc sur la même ligne le

---

(1) Chapitre I, verset 11.

(2) Proverbes, ch XXVI, verset 20 — Don Calmet, Comment. sur la Bible.

(3) Ecclésiaste, ch. VII, verset 2.—Ch. XX, verset , 27.

(4) Proverbes, ch XXIV, verset 9.

médisant et le calomniateur, et cependant ce dernier est plus coupable que le premier. Celui-ci dit la vérité, celui-là ment : la médisance a souvent pour cause l'irréflexion ou l'imprudence de celui qui parle : la calomnie est préméditée d'ordinaire ; l'intention est foncièrement mauvaise.

Malgré cela, les Hébreux regardaient l'une comme aussi dangereuse que l'autre, et surtout comme aussi criminelle au point de vue de la charité et de l'amour du prochain. Cette tendance se retrouve dans toutes les législations religieuses. Dans la loi des Hindous il est écrit que si un homme reproche à un autre d'être borgne ou boîteux ou d'avoir une infirmité semblable , il sera puni d'une amende. La vérité du fait imputé n'est d'aucune influence. Plus tard, le même esprit de charité inspirera aussi le Droit canonique et ses interprètes. Ce sont eux qui formuleront la fameuse maxime *veritas convicii non excusat* , qui est passée en partie dans notre législation actuelle.

Quelles étaient les peines prononcées contre le calomniateur et le médisant ? Nous ne pouvons faire que des conjectures sur ce point. Il paraît cependant certain qu'ils étaient condamnés à une peine. Lorsqu'un témoignage ou une accusation publique était entachée de calomnie , celui qui en était l'auteur , subissait la peine qu'il avait eu le dessein de faire infliger à sa victime. Dans ce cas, en effet, les conséquences du délit peuvent être beaucoup plus graves. Il est à croire que ce n'était pas là le seul cas où la calomnie tombait sous le coup de la loi pénale.

SECTION II.

Législation des Égyptiens.

La législation Egyptienne était en grand honneur dans l'antiquité. Solon l'avait étudiée ; il y puisa les éléments des lois qu'il donna à sa patrie.

Nous devons à Diodore de Sicile la connaissance peu étendue d'ailleurs que nous avons de cette législation si ancienne. Cet historien est presque muet en ce qui concerne notre sujet. Il nous révèle seulement quelques particularités qui y ont trait. Celles - ci présentent de l'intérêt, car elles touchent à une question qui de tout temps a suscité des controverses : la mémoire des morts doit-elle être à l'abri de la diffamation ?

Tout Egyptien qui connaissait un crime devait se porter accusateur sous peine d'être regardé comme complice. Mais celui qui imputait à autrui un crime dont il était innocent, subissait la peine attachée à l'action qu'il avait faussement dénoncée. Etait punie de mort la calomnie d'un accusateur dans une accusation capitale (1).

Ce n'était pas seulement contre les vivants que ce droit, ce devoir d'accusation existait : c'était aussi contre les morts. Ecoutons Bossuet sur ce point : (2)

----

(1) Diodore de Sicile. Livre I. Section II, chapitre 26.
(2) Bossuet — Discours sur l'histoire universelle, partie IIIe, chapitre 3.

« Il y avait en Egypte une espèce de jugement extra-
» ordinaire dont personne n'échappait. C'est une con-
» solation en mourant de laisser son nom en estime
» parmi les hommes , et de tous les biens humains
» c'est le seul que la mort ne nous peut ravir. Mais il
» n'était pas permis en Egypte de louer indifféremment
» tous les morts : il fallait avoir cet honneur par un
» jugement public. Aussitôt qu'un homme était mort
» on l'amenait en jugement. » Il y avait , à cet effet ,
un tribunal spécial composé de 40 juges La loi permet-
tait à tout le monde de venir faire ses plaintes contre
le mort. Si quelqu'un pouvait le convaincre d'avoir
mal vécu les juges le privaient de la sépulture. Si celui
qui avait porté l'accusation ne la prouvait pas il était
sujet à de grandes peines.

Quand aucun accusateur ne se présentait , ou que
ceux qui s'étaient présentés étaient convaincus de calomnie : les parents du morts quittaient le deuil et
faisaient son éloge. Tous les assistants applaudissaient
à cette oraison funèbre. C'était là un puissant moyen
d'exciter chacun à vivre honorablement, et comme le
dit Bossuet, cet exemple faisait craindre de déshonorer
sa mémoire et sa famille (1).

Cet usage ne passa pas dans la législation Athénienne.
Nous verrons bientôt dans des textes nombreux que les
Athéniens étaient si soucieux de protéger les morts
contre toute attaque qu'ils faisaient taire , même la
vérité, devant la tombe.

---

(1) Diodore de Sicile. Livre I. Section II, chapitre 34.

Ainsi , dans la législation Egyptienne il n'y avait de punissable que la calomnie dirigée contre la mémoire des morts. Non-seulement la médisance était autorisée par la loi, mais encore constituait-elle pour chaque Egyptien un droit et un devoir.

SECTION III.

Législation Athénienne.

Chez les Hébreux , on assimilait la médisance à la calomnie. A Athènes il en était tout autrement ; la première était avec soin distinguée de la seconde. Le fait susceptible de porter atteinte à la réputation d'un citoyen était-il vrai; celui qui l'avait révélé, n'encourait aucune peine ? On le regardait au contraire comme ayant rendu un service à l'Etat. Dans une République comme celle d'Athènes, où l'on pouvait, du jour au lendemain, arriver aux premières charges , il était nécessaire que le peuple connût les antécédents de chacun. Que si le fait allégué était faux, la loi accordait le droit d'accuser celui qui n'avait pu faire la preuve de ce qu'il avait avancé. « *Accusationem lex tribuit* » *contra eum qui aliquod probrum alicui objeccrit* » *quod apertè demonstrare nequeat* (1). »

____

(1) Samuel Petit. *Leges Atticæ. Parisiis* 1635, page 535. — Dion Chrysostome, Disc. XV.

Ainsi, il n'y avait diffamation , il n'y avait peine prononcée par le législateur que dans un cas : celui de calomnie (1).

Quand un procès s'élevait en pareille matière, le seul objet du débat était de savoir si l'accusé avait dit la vérité. S'il n'établissait pas que son allégation était bien fondée , ou si la preuve était incomplète , la réputation de son adversaire était par là même sauvée , et le calomniateur condamné.

1° Qui peut agir contre le diffamateur ?

Tout d'abord le diffamé qui avait une action privée , une δικη κακηγοριας. Les Athéniens distinguaient deux sortes de jugements : ιδιωτικαι και δημοτικαι, privés et publics. Les premiers terminaient les procès entre particuliers et se nommaient δικαι : c'est une δικη de ce genre qui appartient à la victime du délit.

Quant aux jugements publics , ils réprimaient les crimes susceptibles de compromettre l'ordre et la tranquillité de l'Etat. Ils se nommaient γραφαι. La diffamation pouvait aussi donner lieu à une action pénale, à une γραφη κακηγοριας. Elle appartenait au premier citoyen qui voulait l'intenter : seulement, elle l'exposait à une amende de 1,000 drachmes , quand sa demande était repoussée par les 4/5 des juges (2). Du plus, il était frappé d'une atimie partielle, qui consistait

---

(1) Lysias. Discours II⁰ contre Théomneste. — *Leges Atticæ*, page 536.

(2) Démosthènes — Discours contre Timocrate.

à ne plus pouvoir intenter à nouveau une γραφη de cette nature.

L'action était donnée au premier venu (1). Quelle en était la raison ? C'est que le législateur avait regardé toute injure, quelle qu'elle fût, comme un crime public dont la répression intéressait ceux-là même à qui elle n'avait pas été adressée. Il avait pensé que de pareils délits se produiraient rarement, s'ils excitaient la même indignation chez ceux qui en étaient les témoins que chez ceux qui en étaient les victimes.

Nous voyons dans Démosthènes que *si quis contumeliâ affecerit* (c'est ainsi que le traducteur rend le mot grec υβριζειν qui sert à désigner toute injure), *sive puerum, sive mulierem, sive virum ex ingenuis, sive servis, aut aliquid legibus interdictum in horum aliquem admiserit*, il y avait lieu à une action publique. Tout Athénien pouvait se porter accusateur devant le tribunal des Héliastes. Ceux-ci devaient donner action dans les 30 jours à compter de celui de la citation , à moins d'empêchement absolu. Dans ce cas ce devait être le plus tôt possible (2).

2° Quelle était la peine infligée au diffamateur ?

Lorsque le coupable avait calomnié, diffamé, ou insulté un citoyen dans les temples , les cours de justice , et les lieux consacrés à la représentation publique des jeux, il était condamné à une amende de

---

(1) *Leges Atticæ*, Livre VII. T. 2, *de Conviciis*, pages 48 et 526.
(2) Démosthènes.—Discours contre Midias.

cinq drachmes : deux étaient dévolus au trésor public ,
trois au citoyen diffamé (1).

Cette amende insignifiante était édictée pour les
calomnies de peu d'importance. Si, au contraire , l'imputation avait pour objet un fait défendu par la loi,
puni par elle, regardé comme déshonorant, la peine
était beaucoup plus forte. Le chiffre de l'amende était
de 500 drachmes (2). L'encourait celui qui accusait
faussement quelqu'un d'un meurtre. De même , dans le
cas où l'on affirmait à tort qu'une personne avait
commis un acte considéré comme honteux : qu'elle
avait, par exemple, jeté son bouclier dans une bataille.
S'il se fût agi de la lance ou du glaive, l'imputation
n'eût pas été traitée comme diffamatoire : parce que,
nous dit Samuel Petit, *illa Græcorum moribus non mulc-
tabantur* (3). C'était la perte du bouclier, et non celle
d'une autre arme qui déshonorait un soldat. Ce reproche
ne diminuait en rien la considération de celui à qui il
était adressé : aussi ne constituait-il pas une diffamation.

Dans certains cas la sanction était plus rigoureuse.
Etait frappé d'atimie, c'est-à-dire de dégradation civi-
que, celui qui s'attaquait à un magistrat dans l'exercice
de ses fonctions, ou aux parents des citoyens morts en
combattant pour la patrie (4).

---

(1) Robinson.— Antiquités grecques, Tome 2, page 275.
(2) Isocrate. — Discours contre Lochitas. — *Leges Atticæ ,*
page 500.
(3) *Leges Atticæ,* Livre VII, Titre VI, *de Conviciis*
(4) *Plato in Menexeno.*   2.

D'ailleurs, un passage de Démosthènes nous apprend que ces procès restaient quelquefois aussi dans la catégorie de ceux qu'on appelait τιμητοι. On y tenait grand compte de l'intention qui avait animé l'auteur du délit. Le tribunal des Héliastes estimait le montant de l'amende et la nature de la peine que devait subir le coupable. Dans le cas où la peine était pécuniaire, où la victime du délit était un homme libre, le condamné était laissé en prison jusqu'à ce qu'il eût payé l'amende (1).

DIFFAMATION ÉCRITE.

Ce n'était pas l'écriture qui lui donnait le plus de publicité. A cette époque le nombre des lettrés était fort restreint, et la médisance ou la calomnie n'aurait pas fait grand chemin, si l'écriture avait été le seul moyen de la propager.

L'arme la plus terrible ; celle qui était dirigée contre les plus solides réputations, c'était la comédie. La loi laissait aux poètes comiques la plus grande liberté (2) Ils avaient le droit d'amener sur la scène tout citoyen quel qu'il fût, de l'y représenter d'une manière si fidèle

---

(1) Démosthènes — Discours contre Midias. Discours contre Timocrate.

(2) *D. Augustinus de Civitate dei.* Liv. II, ch 9. — *Apud Græcos fuit etiam lege concessum ut quod vellet, comædia, de quo vellet, nominatim diceret.*

qu'il était impossible de ne pas le reconnaître. Le masque de l'acteur pouvait être fait à l'image de celui que l'on voulait représenter. C'était donc l'homme lui-même que l'on traduisait sur la scène : que l'on diffamait devant la ville ou plutôt devant la Grèce tout entière.

Voici comment un critique moderne parle de la comédie grecque (1).

« C'était, dit-il, une critique acerbe, mordante, im-
» pitoyable, qui n'épargnait ni le grand, ni le petit ;
» ni le génie, ni le talent, ni la vertu même. »

Et plus loin : « C'était le droit de peindre tous les
» personnages vivants et de les défigurer, le droit de
» médire de tout et de tous, le droit même de calom-
» nier, d'outrager, d'imputer aux plus honnêtes gens
» des actions ou des pensées honteuses. »

Et ce ne sont pas des affirmations dénuées de preuves ; celles-ci abondent au contraire.

Horace dans sa satire IV, nous dit :

> Eupolis atque Cratinus, Aristophanes que pœtæ
> Atque alii quorum comædia prisca virorum est,
> Si quis dignus erat describi quod malus ac fur
> Quod mæchus foret, aut sicarius, aut alioqui
> Famosus, multà cum libertate notabant.

Mais il y a plus que le témoignage d'Horace, il y a les comédies d'Aristophane qui sont certes les meilleures pièces.... de conviction. Le théâtre était à Athènes un instrument de vengeance. Dans les Chevaliers, c'est

---

(1) Pierron.—Histoire de la littérature grecque.

Cléon qui est la victime du ressentiment d'Aristophane ; ailleurs c'est Euripide, son rival en talent et en poésie, qui est attaqué avec la plus grande véhémence ; partout enfin des personnalités blessantes dirigées contre l'honneur et la réputation du premier comme du dernier citoyen, de l'homme politique, comme du simple particulier.

Il ne faudrait pas croire, prenant à la lettre la citation d'Horace, que le poète s'attaquait seulement au vice et qu'il respectait la vertu. Qui lira la pièce des *Nuées* aura la preuve du contraire. Il verra comment est traité Socrate, celui que l'oracle de Delphes avait proclamé le plus sage des hommes. L'ennemi du sophiste est dépeint tel que celui-ci aurait dû l'être. Il est ridiculisé, bafoué, diffamé ; on l'accuse d'être le corrupteur de la jeunesse, et de ne lui apprendre en fait de science, que l'art de ne pas payer ses dettes.

Quelle était la raison de cette liberté illimitée que la loi laissait aux poètes comiques ? Nous la trouvons dans Xénophon (1) :

« Le peuple, dit-il, autorise la licence des comédiens
» quand elle attaque les particuliers ; parce qu'il sait
» qu'on ne joue pas pour l'ordinaire ni un homme du
» peuple, ni un des derniers citoyens, mais un grand,
» un riche, un puissant »

On reconnaît là le même peuple qui disait (2) : Le

---

(1) Xénophon.—République d'Athènes. Chapitre II.
(2) République d'Athènes. Ibidem.

mérite et les talents ne sont pas faits pour notre bonheur, mais pour notre ruine. Aussi, les Athéniens, avaient-ils imaginé l'ostracisme pour s'en préserver. C'était là la récompense des plus éclatants services : elle fut donnée à presque tous les grands hommes d'Athènes ; témoins : Miltiade, Thémistocle, Aristide, Cimon, Thucydide.

Quant à diffamation elle n'était pas moins à craindre. Des imputations calomnieuses entendues par un peuple mobile, passionné, impressionnable comme celui d'Athènes amenaient quelquefois des résultats terribles. Vingt-cinq ans après la représentation des *Nuées*, on pourra retrouver dans les accusations d'Anitus et de Mélitus quelques-unes des calomnies du poète (1). Aux yeux de bien des gens, il sera toujours considéré comme ayant contribué à la mort de Socrate. C'est une tache pour la mémoire d'Aristophane. Aussi, peut-on dire : ce qui venge le diffamé c'est la diffamation dont il a été la victime. Tôt ou tard elle se retourne contre son auteur, pour le frapper au cœur. Il est vrai que tous les diffamés n'ont pas le bonheur de Socrate : ils n'ont pas pour les réhabiliter, deux hommes comme Xénophon et comme Platon.

Mais bientôt il y eut une réaction. Il fut d'abord défendu aux poètes comiques de porter ouvertement atteinte à la réputation d'un magistrat : « *Magistratui*

____

(1) Robinson Antiquités grecques. Tome I, p. 51.

in comœdia convicium palàm ne facito. » Cette loi fut portée vers l'an 420 avant J.-C. (1).

Quand Athènes tomba au pouvoir de Lysandre et que l'administration des Trente eut été imposée par le vainqueur les prohibitions se multiplièrent. Il ne fut plus permis de désigner un citoyen par son nom à la risée publique : μη κωμωδειν εξ ονοματος. Ce n'était donc pas seulement le nom mais encore le visage qu'il était défendu de rendre reconnaissable. L'acteur ne pouvait plus, comme autrefois, se couvrir la figure d'un masque représentant les traits du citoyen qu'on voulait mettre en scène (2).

Enfin, l'on imposa silence au chœur, à la parabase, qui étaient les parties de la comédie où l'auteur s'adressait directement au peuple. C'était là que se trouvaient souvent les attaques contre la réputation des citoyens.

Voici, comment Horace nous parle de la comédie ancienne, qui dit-il, ne fut pas sans gloire :

> .... Sed in vitium libertas excidit, et vim
> Dignam lege regi : lex est accepta, chorus que
> Turpiter obticuit, sublato jure nocendi (3).

Alors finit ce que l'on appelle la comédie ancienne. Celle qui lui succéda, fut moins agressive. Elle ne con-

---

(1) Leges Atticæ, p 3. τον Αρχοντα μη φανερως κωμωδειν.
(2) *Leges atticæ*, page 3.
(3) Horace.—Art Poétique.

tint que des parodies des poèmes, des tragédies, quelquefois des attaques contre leurs auteurs. Mais l'on peut dire néanmoins qu'il s'est opéré une transformation complète ; que la liberté d'autrefois a disparu, et que le silence tend à se faire sur la scène , comme sur la place publique.

Quant à la comédie nouvelle, elle montre que les passions politiques , que les haines privées sommeillent : la diffamation ne s'y trouve pas.

La comédie ne constituait pas à elle seule la diffamation écrite. Les épigrammes, les satires tenaient une large place à côté d'elle. L'histoire a conservé le souvenir d'un poète satirique Archiloque, dont les vers étaient si mordants , qu'ils conduisaient au suicide ceux contre qui ils étaient dirigés. Il tuait en même temps ses ennemis et leur réputation. Les cinq drachmes d'amende , voire même les 500 drachmes n'étaient pas dans ce cas, comme dans tous les autres d'ailleurs, une garantie bien grande pour l'honneur du citoyen. C'est là le reproche que l'on peut adresser à la législation grecque. Aussi cette action ne faisait taire que bien peu de langues : de plus elle ne devait pas être intentée bien souvent, ne donnant à la victime qu'une satisfaction si minime. Socrate allait rire à la représentation des pièces où il était si indignement traité. Quant à Platon il n'était pas moins insensible à la diffamation. Quelqu'un lui disait un jour : Tout le monde vous calomnie : laissez dire , fit-il , je vivrai de façon que je ferai changer de langage.

Belle réponse, assurément ; mais encore une fois, la

loi (1) était insuffisante. Ce n'est pas assez que de pro·
téger efficacement la vie des citoyens , il faut protéger
de même leur honneur.

MÉMOIRE DES MORTS.

Les Athéniens avaient un grand respect pour la mémoire des morts.Au dire de Plutarque, Solon avait porté
une loi qui défendait de les diffamer. « *Ac mortuis qui-*
» *dem universim maledicere prohibebat: vivis vero apud*
» *sacra , curias et ludos* (2). » Les morts étaient donc
protégés plus efficacement que les vivants. Comme le
dit M. Chassan (3), les injures contre ceux ci n'étaient
punies que dans certains cas ; les injures contre les
morts étaient défendues, dans tous les cas, d'une manière absolue, *universim.* Ce n'est pas là l'avis de
tous les commentateurs ; entre autres , de Samuel
Petit. Il ne pouvait pas être permis de diffamer en de·
hors des lieux indiqués. Est en effet puni, tout diffamateur qui ne réussit pas à prouver la vérité du fait
par lui allégué. Cependant le texte de Solon est aussi

---

(1) *Græci, quorum non modo libertas, etiam libido impunita.* —
Tacite. Annales. Lib. IV, p. 35. — Il est étonnant dit Gravina, que
Solon se soit contenté d'établir une peine si légère. —Gravina
Esprit des Lois Romaines.—Des Lib. diff. p. 91.

(2) *Thesaurus Græcarum Antiquitatum, auctore Gronovio* T, V.
p. 1971 — *Meursius, Themis Attica*, L, 2, ch. 7.

(3) Chassan. —Tome I, page 402.

formel que possible, et il me semble difficile de n'en point tenir compte.

Plutarque parle ainsi de cette loi : (1)

« Il y a de la religion, dit-il, à tenir les morts pour » sacrés ; de la justice à épargner ceux qui ne sont plus; » de la politique à empêcher les haines éternelles. »

Ici, plus de distinction entre la médisance et la calomnie : les raisons données par Plutarque doivent faire proscrire la première aussi sévèrement que la seconde.

Ainsi l'on ne peut λοιδωρεῖν τον τεθνεῶτα. Démosthènes mentionne aussi la loi de Solon. Elle est, dit-il, parmi celles qu'il faut louer : en voici les termes : on ne parlera pas mal d'un mort, quand même on serait attaqué par ses enfants (2). Les représailles elles-mêmes étaient donc défendues.

Quelle était la peine prononcée contre celui qui ne respectait pas cette loi ?

Suivant la majorité des auteurs il n'y en avait pas ; où s'il y en avait une elle nous est restée inconnue.

Il ne parait pas, dit M. Duboys dans son histoire du Droit criminel des peuples anciens, que le législateur ait jamais prononcé de peines proprement dites contre les écrits ou paroles portant atteinte à la mémoire seulement du défunt. M. A. Morin dit aussi que

---

(1) Plutarque.—Vie de Solon, ch XXXIX.
(2) Démosthènes. Discours contre la loi de Leptine,

la loi de Solon ne paraît pas avoir eu un caractère pénal (1).

M. Chassan est d'un avis contraire : ce genre d'offenses entraînait le déshonneur et l'infamie (2). Tout en laissant à cet auteur la responsabilité de cette affirmation, qui n'a pour elle aucun texte je crois que les attaques contre la mémoire des morts étaient punies à Athènes. En un sens la réputation de ceux-ci était mieux protégée que celle des vivants : les attaques étant défendues *universim*. Il serait donc bien étrange que cette loi de Solon, si vantée par Plutarque, par Démosthènes, eût été *une lex imperfecta*, une loi dépourvue de sanction pénale tandis que la diffamation contre les vivants était réprimée par une amende.

Ce sont là toutes les dispositions que j'ai pu recueillir sur la diffamation. Elles ont été prises de côté et d'autre ; les orateurs les plus célèbres : Démosthènes, Lysias, Isocrate, ont été mis à contribution. Les historiens, les poëtes ont aussi fourni des renseignements précieux. A raison même de la diversité des sources où il nous a fallu puiser, il y a dans cette esquisse de la diffamation à Athènes des points obscurs, des lacunes inévitables. Les lois de Solon ne nous sont parvenues que par fragments ; grâce à des citations faites par les auteurs Grecs ou Romains. Elles n'ont pas été codifiées. D'ailleurs le droit n'a point été à Athènes ce qu'il a été

____

(1) *Journal du droit criminel*, année 1860.
(2) Chassan. T. 1 p. 403.

à Rome : une science. La plupart des orateurs étaient eux-mêmes ignorants des lois existantes. Lor qu'ils avaient un discours à faire sur une question de Droit, ils recouraient aux lumières d'hommes spéciaux. Démosthènes employait Isée de cette manière. Les Athéniens ne voulaient pas, en gens prudents qu'ils étaient, voir l'étude, la science des lois, devenir trop répandues. Ils craignaient que ce ne pût être un moyen pour ceux qui les auraient bien connues d'arriver au souverain pouvoir et de dominer Athènes.

A côté de ce motif tout politique, il y en a un autre qui explique pourquoi le droit Athénien a laissé si peu de traces. Il lui a manqué deux choses nécessaires pour qu'une législation soit une œuvre durable : c'est le temps et l'espace.

L'espace : la République d'Athènes avait un territoire peu étendu, une population relativement restreinte. La durée : car la conquête Romaine viendra bientôt substituer au Droit Athénien d'autres règles et d'autres lois.

DROIT ROMAIN.

DÉLITS DE LA PAROLE ET DE L'ÉCRITURE.

« Les Romains , dit M. Walter, avaient compris de
» tout temps que l'ordre social ne pouvait subsister
» sans le respect mutuel des citoyens pour leurs per-
» sonnes et leur considération. Aussi regardaient-ils,
» comme une injure punissable, toute action de nature
» à entacher l'honneur. » (1)

Les délits de la parole et de l'écriture rentraient dans
cette catégorie. Ils constituaient, en effet, l'une des
formes de l'injure : celle *quàm patimur extra corpus,
conviciis et famosis libellis.* De ces délits les uns étaient
réprimés par les actions d'injures, les autres par la *lex*

______

(1) Histoire du Droit Criminel chez les Romains.

Julia Majestatis. Les premiers étaient ceux qui étaient commis contre les simples particuliers : les seconds, ceux qui étaient commis contre l'Empereur. Les uns et les autres feront successivement l'objet de cette étude.

A. — DÉLITS DE LA PAROLE ET DE L'ÉCRITURE SOUMIS AUX ACTIONS D'INJURES.

Les délits de la parole et ceux de l'écriture étant régis par une législation différente sous beaucoup de rapports, des chapitres spéciaux seront consacrés :

I. Aux délits de la parole, c'est-à-dire *Injuriæ quæ verbis fit.*

II. Aux délits de l'écriture ou à l'injure *quæ per libellos famosos efficitur.*

CHAPITRE I.

DÉLITS DE LA PAROLE. — INJURIA QUÆ VERBIS FIT.

SECTION I. — Quels sont les noms donnés en Droit Romain aux délits de la parole ?

SECTION II — Quels sont leurs éléments constitutifs ?

SECTION III. — De leur répression,

SECTION IV. — Règles plus spécialement applicables à la diffamation verbale.

SECTION I.

Quels sont les noms donnés en Droit Romain aux délits de la parole ?

L'injure verbale, le genre de l'infraction, portait quelquefois le nom de *contumelia.* Ce mot, comme l'indique son étymologie, désigne tout ce qui est dit ou fait avec une intention méprisante : *a contemnendo dicta.* Comme le dit Sénèque, on n'inflige une pareille injure qu'à l'homme que l'on méprise. *Nemo, nisi quem contempsit, tali injuria notat.* Le mot *contumelia* a une signification extrèmement étendue : il comprend depuis le manque d'égards, jusqu'à l'injure la plus grossière.

Les délits de la parole prenaient les noms de *convicium*, de *maledictum*, de *quod infamanti causà dicitur*. Il est utile de préciser autant que possible le sens de ces différents mots qui se rencontrent à chaque instant dans les textes faisant l'objet de cette étude.

1° *Convicium*. — D'après la définition d'Ulpien (1) : *dicitur vel a concitatione, vel a conventu, id est a collatione vocum. Quum enim complures voces conferuntur convicium appellatur quasi convocium.*

Plus loin, dans le paragraphe 12 de la même loi, le jurisconsulte ajoute :

Sive unus, sine plures dixerint quod in cœtu dictum est convicium est. Quod autem non in cœtu nec vociferatione dicitur, convicium non propriè dicitur, sed infamandi causà dictum.

Ainsi, ce qui constitue le *convicium*, c'est le tumulte, le bruit causé par plusieurs personnes qui élèvent en même temps la voix : en un mot, c'est la publicité de l'injure. Mais il n'est point nécessaire que le *convicium* ait été commis par plusieurs personnes. Les éléments de la publicité sont que l'injure ait été dite *in cœtu*, ou bien *cum vociferatione* : c'est assez que l'un d'eux existe.

2° *Le Maledictum*. — Faut-il le distinguer du *Convicium ?* Question difficile à résoudre à cause des contradictions qui existent entre les différents textes.

Paul dans ses Sentences §§ 1 et 18 (2) désigne

---

(1) L. 15, § 4, *de Inj. et Fam. Lib.*
(2) Livre V. t. IV, *de Injuriis.*

toutes les injures verbales quelles qu'elles soient par le mot *convicium*. Labéon fait de même. *Verbis autem ,* nous dit-il *, quoties manus non inferuntur , convicium fit* (1).

A côté de ces textes qui ne laissent entrevoir aucune différence entre le *convicium* et le *maledictum* il en est d'autres qui aboutissent à un résultat diamétralement opposé. Ainsi, d'après Paul, est frappé d'infamie celui qui *maledictum aut convicium ingesserit.* Le *maledictum* est donc autre chose que le *convicium,* sinon un seul mot aurait suffi à caractériser le même délit. Le jurisconsulte Ulpien est encore plus formel. Il indique en quoi consiste la différence. *Non omne maledictum convicium est, sed id solum quod cum vociferatione dictum est.*

Il y a donc divergence entre les jurisconsultes Romains. Les uns établissent entre les deux délits une assimilation que les autres n'admettent pas. Ce qui augmente la difficulté c'est que Ulpien l'auteur de la distinction, cite lui-même (2) le texte de Labéon qui lui est contraire.

Vinnius (3) nous apprend que cette définition d'Ulpien était vivement critiquée par certains interprètes qui la qualifiaient d'arbitraire.

Nulle part , disaient-ils , on ne la trouvera dans les

---

(1) L. 1. § 1. D. *de Inj. et Fam. Lib.*
(2) L 1. § 1. D. *de Inj. et Fam. Lib.*
(3) *Vinnius in IV libros Inst. Imp. commentarius,* p. 842, n° 1. —Il rapporte simplement cette opinion sans la partager.

3.

bons auteurs. Si tant est qu'entre le *convicium* et le *maledictum* il y ait une différence, voici en quoi elle consiste : le *convicium* est un *maledictum contumeliosum*. La preuve de cette affirmation est dans le discours de Cicéron pour Cælius : *Maledictio nihil habet propositi præter contumaciam : quæ si petulantius jactatur, convicium ; sin facetius urbanitas nominatur.*

Quant à l'étymologie donnée par Ulpien, elle est inexacte : il faut en chercher une autre. *Convicium* vient de *vitando seu a vitio*. Il y aura *convicium* lorsqu'on imputera à la fois plusieurs défauts ou actions déshonorantes à quelqu'un. *Illud magis significationi rei convenit. Re enim vera convicium est cùm vitanda alicui objiciuntur* (1).

L'on invoque enfin la constitution 5 au code : *De Injuriis.* De ces mots : *Si non convicii consilio te aliquid injuriosum dixisse probare potes*, l'on tire la conclusion que le caractère du *convicium* est d'être *injuriosum*.

Malgré tous ces arguments il est impossible d'admettre que dans le droit classique il n'y ait pas eu de différence entre le *convicium* et le *maledictum*, et qu'elle n'ait pas été celle indiquée par Ulpien. Il revient à plusieurs reprises sur la nature du *convicium*. Il s'efforce de la déterminer pour empêcher toute confusion avec le *maledictum*.

---

(1) *Hugonis Donelli.—Commentarii de jure civili Libri XV. Cap. XXV.*

Quant au texte de Cicéron, il ne peut, ce me semble, prévaloir contre celui d'Ulpien qui est [bien plus affirmatif. Des deux étymologies c'est aussi la sienne qui est la plus vraisemblable. Quant à la C. 5 *de Injuriis* elle ne détermine pas du tout les éléments du *convi= cium*. Elle se borne à poser en principe que dans le cas ou *aliquid injuriosum* a été dit sans esprit d'injure il n'y a pas de peine prononcée. Cette règle n'a aucun rapport avec la question qui nous occupe.

Aussi, je crois qu'au temps d'Ulpien le *maledictum* était un délit plus fréquent que le *convicium*. Il était de plus moins grave que ce dernier ; parce qu'il n'avait pas été proféré à voix haute, ni *in cœtu*, de manière à faire entendre de plusieurs personnes l'injure ou la diffamation commise.

L'une de ces circonstances aggravantes faisait-elle défaut, on était en présence d'un simple *maledictum* , d'un propos *infamandi causâ dictum ?* Il est à croire que dans ce dernier cas le juge qui était souverain appréciateur de la peine à appliquer, était moins sévère que s'il se fût agi d'un *convicium.*

Quoiqu'il en soit , cette distinction finit par disparaître. Dans ses *Institutes* Justinien n'emploie que le mot *convicium.* Dès lors celui-ci a un sens général : on s'en sert pour désigner tous les délits de la parole ; il n'est plus question du *maledictum.*

3º *Quidquid infamandi causâ dicitur.*

Quoique la diffamation verbale fût comprise dans le *convicium* et le *maledictum,* le Préteur n'avait pas cru inutile de mettre une disposition formelle à ce sujet dans l'édit. *Ne quid infamandi causâ fiat. Proindè quodcumque quis dixerit ut alium infamet , erit actio injuriarum* (1). Le préteur, dit Labéon, a voulu faire à cet égard une défense spéciale : parce que si l'on n'insiste pas spécialement sur les choses notables elles paraissent négligées.

Quand aux mots *diffamare, diffamatio* ils ne sont pas au Digeste : dans la Constitution 5 au Code de *Ingenuis manumissis* le mot *diffamari* est employé : c'est une exception.

C'est donc sous la dénomination générale d'injure verbale qu'on défendait et punissait la diffamation. Comme le dit M. de Savigny (2) « d'après la manière
» dont les Romains avaient conçu l'idée d'injure ils
» devaient y comprendre toute atteinte à la dignité et à
» l'indépendance de la personne , dont l'atteinte à
» l'honneur proprement dite ne forme qu'une application particulière bien qu'elle soit la plus importante et la plus étendue. »

SECTION II.

Quels sont leurs éléments constitutifs ?

Ils sont au nombre de quatre : à chacun d'eux sera consacré un paragraphe spécial. Les paroles incriminées doivent :

---

(1) L. 15 § 26 et 27. D. *de Inj. et Fam. Lib.*
(2) De Savigny. Droit des Obligations. Chap. II. Section II.

1° Constituer une atteinte outrageuse ;

2° Contenir l'*animus injuriandi* ;

3° Etre prononcées sans droit ;

4° Etre adressées à une *persona certa*.

Paragraphe I. — *De l'atteinte outrageuse.*

Deux points vont être successivement étudiés :

1° Quand existe l'atteinte outrageuse ; 2° Qui doit en faire la preuve ?

1° Quand l'atteinte existe-t-elle ?

C'est toutes les fois que quelqu'un a prononcé « *verba* » *contumeliosa, quæ bonis moribus improbantur, et* » *ad infamiam invidiam que alicujus spectant.* »

1° *Verba quæ bonis moribus improbantur.* Est donc une injure verbale le fait d'*appellare matrem familiam*, c'est-à-dire de lui adresser des paroles déshonnêtes. Ce n'est pas là un *convicium*, c'est *adversus bonos mores adtentare.*

2° *Verba quæ ad infamiam, invidiam que spectant.* Il serait impossible d'énumérer toutes les paroles qui ont ce caractère. Les jurisconsultes Romains ont été fort avares d'exemples : il est à croire que c'était au magistrat et au juge d'apprécier si l'atteinte outrageuse existait ou non. Les injures verbales ont, en effet, une gravité qui est essentiellement variable. Elle dépend de la nature du fait allégué ou imputé. C'est ce qu'indique fort bien Ulpien (1).

Probra quædam naturá turpia sunt, quædam civiliter et quasi more civitatis : ut puta furtum, adulterium

----

(1) L. 42 *de Verb.* Signif. D.

*naturâ turpe est : enim vero tutelæ damnari , hoc non
naturâ probrum est,   quod potest etiam in hominem
idoneum incidere.*

Il y a donc deux classes de faits qu'il ne faut pas
confondre entre elles. L'une comprend ceux qui , dans
quelque législation que ce soit, déshonorent leur auteur : le vol, l'adultère. L'imputation d'un pareil crime
constituera toujours un délit, parce que toujours elle
constituera une atteinte grave à la réputation d'autrui.

L'autre classe comprend les faits *quæ civiliter turpia
sunt et quasi more civitatis* : par exemple la condamnation sur l'action de tutelle , de dépôt ou de mandat.
Dire d'un tuteur, d'un dépositaire, ou d'un mandataire
qu'il a été condamné dans l'action intentée contre lui,
ce n'est pas le déshonorer, ni se rendre coupable d'un
délit. On peut être parfait honnête homme, et cependant être condamné pour simple faute. *Huic maledicto
non inest probrum.*

Pour qu'il y ait lieu à l'action d'injures, il faut quelque chose de plus : il faut qu'il y ait *probrum more
civitatis.*

C'est ce qui aura lieu si vous appelez un dépositaire,
violateur de dépôt ; un tuteur, voleur de son pupille,
si vous prétendez que la condamnation a été subie pour
dol. Il y a *probrum civiliter*, parce qu'aux yeux des Romains, le déshonneur y était attaché. .

Cujas montre on ne peut mieux combien cette loi est
importante en ce qui concerne notre sujet. (1)

---

(2) Cujas.— *Ad legem*, 42. *de Verbor. Sign. D.* Tome 8, p. 498. A.

Cette loi, dit-il , appartient au titre des Injures, et, spécialement a trait à celle qui se commet *verbis* : quand on profère un *convicium ad infamiam alicujus*, et il ajoute :

Probra naturâ, sunt semper probra : probra civiliter, non sunt semper probra : jus civile vagum, varium est, et inconstans. Tutelæ damnari non semper probrum est. Et hæc ita accurate distinguenda sunt in actione illâ legitimâ et prætoriâ de convitio seu de probro.

Ainsi, il faut que les paroles portent atteinte à la réputation d'autrui : qu'elles diminuent l'estime que lui portent ses concitoyens. Le jurisconsulte Papinien donne un curieux exemple de *maledictum* ; il fait ressortir mieux encore ce caractère. (2)

Sera, dit-il, condamné à être battu de verges, celui qui a vendu le résultat d'un procès, grâce à la promesse par lui faite, de gagner à prix d'argent le juge de qui dépend la sentence.

Utique autem apparet hunc injuriam fecisse ei cujus sententiam venditavit. C'est dire de la manière la plus formelle que le juge est vénal : propos *qui spectat ad invidiam alicujus.*

Le Code donne aussi l'action d'injures contre l'auteur de toute imputation susceptible de « *minuere opinionem alicujus,* » c'est-à-dire de diminuer la réputation de quelqu'un. Ainsi, appeler esclave un homme libre, me donner à tort les noms de *delator* ou de *nunciator,*

---

(2) L. 15, § 30 *D. de Inj et F. I.*

me traiter d'assassin, c'est commettre un délit, dont la victime pourra demander réparation. (1)

Mais à côté de ces imputations qui sont certainement punies par la loi Romaine, il y en avait d'autres, beaucoup moins graves, pour lesquelles la question est douteuse. Elles ont ceci de commun avec celles qui viennent d'être rapportées, qu'elles ont le même but : *despectum personæ*. C'est une difformité physique, un ridicule quelconque dont on a parlé. Nous sommes donc bien loin du *probrum* ou du *flagitium*.

Nous savons néanmoins que cette sorte d'injure était vivement ressentie chez les Romains : elle l'était quelquefois beaucoup plus que la diffamation elle-même. C'est ainsi que Fidus Cornelius, qui dans ce dernier cas (2) était resté impassible, pleura devant le sénat tout entier parce que Corbulon l'avait appelé « struthiocamelum » autruche pelée. C'était avouer qu'il y avait quelque justesse dans la comparaison. Un autre s'indigna pour avoir été appelé « vervecem marinum » mouton de mer. Suivant Sénèque, qui se place d'ailleurs au point de vue philosophique plutôt qu'au point de vue juridique, tout cela ne tombait pas sous le coup de la loi :

« *In capitis mei lœvitatem, jocatus est et in oculo-*
» *rum valetudinem, et in crurum gracilitatem, et in*
» *staturam. Quæ contumelia est quod apperet audire?* »

---

(1) *Const.* 2, 5, 8. *C. de Injur.*

(2) Sénèque.—*De Const. sap. Adversus alia maledicta mores et vitam convulnerantia, frontis firmitas constitit.*

Il ne peut y avoir de délit à dire ce qui est vu de tous ,
dit Sénèque.

Parmi les interprètes du Droit Romain il y en a qui se
sont rangés à cet avis (1). Pour qu'il y ait injure verbale, disent-ils, il faut que l'on ait reproché à quelqu'un
un fait déshonorant d'après les lois naturelles ou civiles : *probrum naturâ vel civiliter.* Comme les épithètes
de chauve , boîteux , aveugle et autres semblables ne
réunissent ni l'un ni l'autre de ces caractères ; elles ne
constituent ni un *convicium* ni *maledictum.* Cependant,
beaucoup d'autres jurisconsultes pensaient le contraire.
Ainsi, Voët (2) dit de la manière la plus formelle qu'il
n'est pas du tout nécessaire que l'injure verbale
« *probrum naturá aut civitatis jure in se contineat ,*
» *quum et vociferatio atque objectio ejus quod nullam*
» *in se turpitudinem habet, injuriam habere possit.* »
Si donc , ajoute-t-il , on appelle quelqu'un aveugle ,
chauve, ou qu'on le gratifie d'épithétes encore plus
dures et plus crues que celles-là, il y a délit : parce
que il est certain que ces paroles été dites dans le but
de nuire à la réputation d'autrui : *infamandi alterius
causâ* ce que défend la loi 15 au D. §. 12. *Nostro
titulo.*

Il faut bien entendu que l'*animus injuriandi* existe ,
qu'il ne s'agisse pas d'une plaisanterie. Le juge avait
un pouvoir discrétionnaire : il statuait *ex rebus et per-*

---

(1) *Matthæus de Criminibus.* Liv. 47. T. IV, n° 11.
(2) Voët L XLVII. T. 10 *de Inj. et F. L.* n° 8.

sonis. C'est l'opinion de Voët que je crois la meilleure.

On peut se rendre coupable du délit d'injure d'une manière indirecte sans s'adresser en apparence à la personne même que l'on injurie. C'est ce qui arrivera quand *Primus*, en présence de témoins, viendra dire à *Secundus*, en le regardant d'une manière significative : je ne suis pas un voleur, je ne suis pas un assassin. Comme le dit Voët *a se amoliendo*, *vitium aut scelus aliquod, tacitam exprobrationem adversario facit*.

En résumé, il faut pour qu'il y ait injure verbale, une atteinte portée à la considération, à la réputation d'autrui. Otez cette condition, il n'y aura plus de délit. Labéon donne un exemple à l'appui de cette règle. Il pose la question de savoir si l'on sera tenu de l'action d'injures pour s'être opposé à ce que l'on décerne des honneurs, une statue, à un citoyen. Non, répond-il quand bien même l'on aurait agi *contumeliæ causâ* avec une intention injurieuse. Il y a en effet grande différence entre porter atteinte à la réputation de quelqu'un et s'opposer à ce que l'on fasse quelque chose en son honneur.

Ce qui manque ici, c'est l'atteinte outrageuse, c'est-à-dire l'élément matériel du délit. Seule l'intention ne suffit pas. Celui qui intente l'action d'injures doit en effet préciser ce qui donne lieu à sa plainte. Il faut que l'injure ait un caractère positif pour être punie.

2° Qui doit prouver que les paroles ont été prononcées ?

En cette matière les Romains appliquaient la règle générale : *actori incumbit probatio*. C'est à celui qui

invoque à l'appui de sa prétention un fait en dehors de
l'ordre habituel des choses à en prouver l'existence.
Les dérogations, les événements extraordinaires ne se
présument pas. L'injure verbale est de ce nombre.
C'est donc à la personne qui se prétend injuriée ou
diffamée d'établir que les paroles dont elle se plaint ont
été prononcées. Si elle ne réussit pas à faire cette
preuve, il lui restera une dernière ressource : celle de
déférer le serment à son adversaire. Celui-ci , pour
échapper aux suites de l'action d'injures devra jurer :
se injuriam non fecisse : qu'il n'a pas proféré les paroles incriminées. Ce droit de déférer le serment avait été
donné par la loi Cornelia qui prévoyait uniquement le
cas d'injures réelles. Mais le jurisconsulte Sabinus (1)
nous apprend que l'action prétorienne jouit bientôt du
même bénéfice que celle de la loi Cornelia.

PARAGRAPHE II. — *Celui qui a prononcé les paroles
doit avoir eu l'*animus injuriandi.

En Droit Romain il était de principe qu'il ne pouvait
y avoir injure sans esprit d'injure. C'est là une des
différences qui existent entre l'action d'injures et celle
de la loi Aquilia. Dans cette dernière *etiam levissima
culpa venit* : au contraire, pour qu'il y ait lieu à l'action d'injures il faut qu'il y ait eu *animus injuriandi*.
Les lois du Digeste proclament à plusieurs reprises cette
condition sans laquelle il n'y a pas de culpabilité en
cette matière.

----

(1) L, 5 p. 8 D *de Inj. et Fam. Lib.*

Injuria ex affectu facientis consistit (1). — L'injure consiste dans l'intention de celui qui la commet. *Facere nemo potest nisi qui scit se injuriam facere* (2). Pour faire injure il faut savoir que l'on injurie. Cela s'applique à tous les délits de la parole : aussi bien au *convicium* qu'à la diffamation. La Constitution 5 au Code *de Injuriis* dit qu'en l'absence du *convicii consilium* il n'y a pas de diffamation, partant pas d'action. Il faudra plus tard insister longuement sur ce texte : il suffit de le mentionner pour le moment.

Sans *animus injuriandi*, pas de délit. Le jurisconsulte Ulpien (3) donne une application fort curieuse de ce principe. Un astrologue ou un devin a di', comme tel, que *Primus* avait commis un vol. Quoique cette imputation soit diffamatoire au premier chef, *Primus* ne pourra pas intenter contre lui l'action d'injures. Quelle en est la raison ? C'est que le devin en faisant cette réponse exerçait sa profession, et qu'aux yeux des Romains elle lui avait été dictée par les règles de son art. Il n'y a donc à relever contre lui, *ni dolus malus, ni animus injuriandi*. Il ne sera pas soumis à l'action d'injures à moins de preuve évidente qu'il avait une intention malveillante en parlant ainsi. D'ailleurs, le malheureux n'y gagnait absolument rien. Dans un cas comme dans l'autre, il était poursuivi, en vertu des Constitutions impériales, et la peine prononcée contre

---

(1) L 3, § 1. D. *de Inj. et F. L.*

(2) L 3, § 2 *ue Inj. et F. L.*—Paul Sent. L. V. T. IV.

(3) L 15, § 13 D. *de Inj. et F. L.*

lui était celle du dernier supplice. C'est ce qui signifient ces mots d'Ulpien : *Constitutiones eum tenent.* Il
lui importait donc fort peu d'échapper ou non à l'action
d'injures.

Comme l'a très bien dit un ancien auteur (1) : *Ream
linguam non facit nisi mens rea.* Pour que la langue
soit coupable il faut que la pensée l'ait été avant elle.
C'est le meilleur résumé de ce que je viens de dire.

Première question. — Qu'est-ce que l'*animus injuriandi ?*

« Ce que l'on appelle *animus injuriandi* , c'est l'es-
» prit de dénigrement , de malice , de méchanceté , le
» désir de satisfaire une mauvaise passion, un ressen-
» timent (2).

Lorsque cet esprit existe, la tentative seule est punissable , qu'elle ait ou non réussi. C'est ce que dit
Pothier : *sufficit generalis voluntas injuriæ faciendæ.*
C'est assez qu'il y ait dans la pensée de l'accusé une
intention mauvaise : celle d'injurier quelqu'un, quand
bien même par erreur il aurait injurié une autre personne. Par rapport à la victime , l'*animus* n'existe pas :
mais il suffit qu'il existe vis-à-vis de quelqu'un. Le
jurisconsulte Paul le décide d'une manière formelle (3).
Vous me prenez pour Lucius Titius alors que je suis
Gaïus Séius. Sous l'empire de votre erreur, vous pro-

(1) *Mundius.—De diffamationibus.*
(2) Grellet-Dumazeau.—Traité de la diffamation, de l'injure et
de l'outrage.
(3) L, 18 § 3 *D. de Inj. et F. L.*

férez contre moi un *convitium*. Aurai-je l'action d'injures ? Oui, répond Paul, car il est certain qu'en agissant ainsi vous avez voulu me faire injure. Que m'importe votre erreur ? Cela fera-t-il disparaître le tort qui m'a été fait ? Non assurément : je n'en souf-frirai pas moins dans mon honneur, et la société sera aussi intéressée que moi à ce que cet acte coupable reçoive un châtiment.

Il y a même des cas où l'intention constituera presque à elle seule le délit tout entier. « Les paroles, dit
» Montesquieu, ne forment point un corps de délit,
» elle ne restent que dans l'idée. La plupart du temps
» elles ne signifient point par elles-mêmes, mais par
» le ton dont on les dit : souvent en redisant les mêmes
» paroles on ne rend pas le même sens ; ce sens
» dépend de la liaison qu'elles ont avec d'autres
» choses. (1) »

L'ironie, le ton de persiflage, peuvent suppléer parfaitement l'imputation directe. L'art du sous-entendu rend alors l'injure matériellement insaisissable. Ce n'est pas dans les mots, c'est dans la pensée qu'elle réside. Sous une forme irréprochable, quelquefois même élogieuse , peut se cacher un outrage qui est compris par tout le monde, aussi bien par la victime que par les témoins.

Les Romains connaissaient bien ce genre d'injure, et je n'en veux pour preuve qu'un passage de Pline le

---

(1) Esprit des Lois. L. XII, Ch. XII. Des paroles indiscrètes.

jeune. Il dit à Trajan : « *periculum non est, ne cùm*
» *loquar de humanitate exprobrari superbiam credat ;*
» *cùm de frugalitate luxuriam ; cùm de clementiâ*
» *crudelitatem.* » On voit que le rôle des flatteurs
ne laissait pas que d'être périlleux avec les prédéces-
seurs de Trajan , et que leurs éloges , mal interprétés ,
pouvaient quelquefois leur coûter cher.

Quelle était la théorie Romaine sur ce point ? Cette
injure déguisée, n'est prévue par aucun texte. Cependant on peut affirmer qu'elle donnait lieu à l'*actio
injuriarum* contre le coupable. Cela résulte de la loi 96
au Digeste, *de Regulis juris. In ambiguis orationibus
maximè sententia spectanda est ejus qui eas protulisset,*
et de la loi 168 au même titre. *Quod factum est quod
in obscuro sit, ex affectione cujusque capit interprétatio-
nem.* Il serait d'autant plus étonnant que ce genre de
diffamation fût resté impuni, que le Digeste réprime
certains actes n'ayant rien d'injurieux dans la forme,
pour l'unique motif que l'intention de leur auteur est
de diffamer autrui. Ainsi, Vénuléius nous apprend que
porter en public un habit sale , laisser croître ses che-
veux quand quelqu'un est accusé, c'est agir contre les
lois. Quelle en est la raison ? C'est qu'on semble par là
proclamer d'avance la condamnation de l'accusé, et
s'affliger pour lui de la honte qui l'attend. L'ironie est
donc punie dans cette hypothèse; il serait bien étrange
que c'eût été là un exemple isolé, laissant en dehors de
la loi, les cas qui devaient se produire le plus souvent.

DEUXIÈME QUESTION. — Quels sont ceux qui n'ont pas
l'*animus injuriandi ?*

Ce sont les *infantes* et les *furiosi* (1) *quia affectu doli et captu contumeliæ carent*. Ils peuvent être les sujets passifs du délit : jamais ils n'en seront les **auteurs**. Ce qui est vrai de l'*infans*, l'est aussi de l'*infantiæ proximus* mais non du *pubertatis proximus* (2). Le premier ne peut être coupable *quum ætas et innocentia consilii, doli capacem esse non sinit*. Le second peut l'être, étant capable d'apprécier la portée de l'acte qu'il accomplit.

Quant au prodigue, il est réellement étonnant que la question ait pu être soulevée un seul instant. Si, entre lui et le *furiosus* il y a assimilation en ce qui concerne les obligations et les biens, ce n'est pas une raison pour que celle-ci subsiste en ce qui concerne les délits. Le prodigue discerne le bien du mal, il est *capax doli* ; il a l'*animus*, il est donc, comme tout autre, tenu de l'action d'injures.

Quid de l'ivresse ? Exclut-elle l'*animus* ?

La plupart des commentateurs admettent l'affirmative. Il ne faut pas, dit Perezius (3), attribuer une intention mauvaise à celui dont l'intelligence est en exil « *qui mentis exilium patitur.* » S'il commet une injure, *non tàm ex proposito quàm ex impetu est*. Il en serait tout autrement s'il avait voulu se ménager à dessein ce moyen de défense : *talis dolosa procuratio non excusabit a pœnâ*. Cette ruse révèle l'intention de nuire,

---

(1) L. 3 § 1. *D. de Inj. et F. L.* — Paul, *Sent.* L 5. T. IV. § 2.
(2) L. 111 *pr. de Reg. Juris, D.*
(3) Perezius, *in Lib. IX, Cod.* T. XXXV, T, 2, p. 206 n° 3.

elle la rend même plus coupable, puisque son objet était d'assurer l'impunité à l'auteur du délit.

Certains auteurs (1) distinguent l'*ebrius* de l'*ebriosus* : l'ivresse accidentelle de celle qui est habituelle, ou *quæ comparatur ut quis audacior in scelus eat*, c'est alors, comme l'appelle Sénèque, une folie volontaire : *voluntaria insania*. Dans un cas comme dans l'autre, ils appliquent la peine. Seulement, dans le premier, elle sera moins rigoureuse que dans le second.

Cette doctrine me paraît en contradiction avec la loi 11, § 2. *D. de Pœnis*. Ce texte oppose le délit commis sous l'influence de l'ivresse à celui qui est prémédité. L'homme ivre *delinquit impetu, non proposito :* or, en cette matière c'est le *propositum*, le *consilium convicii* qui sont l'élément essentiel du délit. Otez l'intention, le délit n'existe plus.

Quid de la colére ? Voët affirme que l'*animus injuriandi* est présumé absent toutes les fois que l'auteur de l'injure, redevenu calme, s'est immédiatement rétracté. Il invoque à l'appui de son opinion la loi 48 *D. de Regulis juris*.

» *Quidquid calore iracundiæ, vel fit, vel dicitur,*
» *non prius ratum est, quàm si perseverantiâ appa-*
» *ruit, judicium animi fuisse.* »

Malgré l'autorité de Voët, je ne crois pas que telle était la théorie des jurisconsultes Romains. Ce texte, comme l'indique la phrase qui le termine (2) est spécial

---

(1) Matthæus, *de Criminibus*.

(2) *Ideoque brevi reversa uxor nec divertisse videtur.*   4.

à la matière du divorce. De plus, la loi 5 au Code *de Injuriis* dit de la manière la plus formelle que si *Primus* a, dans un accès de colère , traité quelqu'un d'assassin, il n'échappe à l'action d'injures que si elle est prescrite. Si la colère excluait l'*animus*, qu'il y eût ou non prescription, il serait à l'abri, puisqu'il n'y aurait pas de délit. Nous pouvons donc conclure de ce texte que la colère le laisse subsister , contrairement à l'opinion de Voët. (1)

Il en est de même de la *præfatio honoris*. Voici ce que cela veut dire : *Primus*, s'adressant à *Secundus*, lui dit : *mentiris salvo honore : homicida es , salvâ reverentiâ tuâ*. Est-ce que cette protestation d'estime fera disparaître l'injure qu'elle accompagne ? Non , répondent Perezius et Matthæus , *quia honoris illa protestatio naturæ actûs est contraria*. Ces mots, *salvo honore, salvâ reverentiâ* n'effacent pas l'injure, ils font au contraire avec elle un contraste qui la rend encore plus évidente. (2)

Troisième question. — Qui doit faire la preuve de l'*Animus Injuriandi* ?

Nous avons vu tout à l'heure que c'était à la victime du délit à établir que des paroles blessantes lui avaient été adressées. Ici ce n'est plus à elle que, dans tous les cas, incombe le fardeau de la preuve. Il retombera tantôt sur le demandeur, tantôt sur le défendeur

---

(1) Voët, p. 820, col. 2, tome 2 —Perezius, T. II, p. 206 n° 3.
(2) Perezius, T. II, p. 206 n° 7.

à l'action d'injures. Comme le dit Voët (1) : *Illud ex circumstantiis colligendum est, dum dolus in mente residet, et in dubio non præsumitur.*

Ainsi, cela dépendra des circonstances. S'il ne peut y avoir de doute sur le caractère injurieux des paroles prononcées, ce sera au défendeur à prouver qu'il n'a pas eu de mauvais dessein. Jusque-là la présomption contraire existe contre lui : « *cùm talis quisque præsu-* » *matur qualis apparet, et præsumitur dolus quoties* » *quid naturâ turpe et legibus prohibitum profertur.* » C'est ce qui résulte de la constitution 5 au Code *de Injuriis.*

Si, au contraire, les termes dont s'est servi le défendeur sont ambigus, il faut les entendre avec leur bonne acception. Si l'on voulait mal interpréter toutes les paroles, l'on arriverait facilement à leur attribuer une portée qu'elles n'ont jamais eue dans l'esprit de celui qui les a prononcées. Qu'y a-t-il qui puisse prêter davantage à l'équivoque ? Aussi, quand les paroles ont été dites en riant, et que par elles-mêmes elles ne sont pas injurieuses, ce sera au plaignant à faire la preuve de l'*animus.* Les délits ne se présumant pas les rôles seront intervertis. Tant que le doute n'aura pas été éclairci par le demandeur, on n'attribuera pas aux termes incriminés plus de gravité qu'ils n'en ont en apparence : *et absolvetur reus.*

Comment, dans ces deux cas, se fera la preuve ?

----

(1) Voët. T II, p. 820 n° 20.

Per conjecturas , répond Perezius (1). On voit qu'il était impossible de donner aux parties plus de latitude, ni de laisser le champ plus libre à l'appréciation du juge.

PARAGRAPHE III. — *Troisième condition pour qu'il y ait délit de la parole.*

Il faut qu'il n'y ait pas *juris executio*, c'est-à-dire que l'auteur de l'injure , n'ait pas , en la commettant, exercé un droit.

Le jurisconsulte Ulpien (2) pose le principe : *juris executio non habet injuriam* : l'exercice d'un droit ne contient pas d'injure. Il en résulte que le maître qui réprimande trop vivement son esclave, que le magistrat qui blâme un coupable, ne sont pas soumis, pour cela, à l'action d'injures. *Is qui jure publico utitur, non videtur injuriæ faciendæ causá hoc facere.* Cette présomption cède devant la preuve du contraire. Ainsi sera tenu tout magistrat, qui, comme tel, ou comme simple particulier, sera convaincu d'avoir agi, non pas *ad vindictam Majestatis publicæ*, mais uniquement *ad contumeliam alicujus* (3).

C'est aussi cette règle : *juris executio non habet injuriam*, qui explique la décision donnée par Ulpien dans la loi 12 D. *nostro tit.* Ne sera pas tenu de l'action d'injures celui qui dit d'un homme libre qu'il est

---

(1) Perezius, *loc. citat.*, nº 2, p. 205.
(2) L. 13, § 1, D., *de Inj. et F. L.*
(3) L. 32, D., *de Inj. et F. L.*

esclave (*quum sciat hunc liberum esse*), quand il agit ainsi pour se ménager un recours en garantie contre son vendeur.

Les reproches fondés adressés à un témoin, pour que sa déposition soit écartée ne constituent pas un délit. Si vous prétendez qu'une femme a été condamnée pour adultère, qu'un magistrat a été convaincu de concussion, que *Primus* est esclave, et, cela, pour que votre adversaire ne puisse les faire entendre , vous ne serez pas coupable. Il faut qu'il s'agisse de reproches pertinents et concluants, et non de faits servant uniquement à déconsidérer le témoin.

Rien de mieux quand le reproche est vérifié : *quid* dans le cas contraire ? D'après Fachineus (1) *gravis erat controversia*, il y avait grande controverse sur le point de savoir si dans cette hypothèse le plaideur était tenu de l'*actio injuriarum*.

Lui tient pour la négative. Le plaideur, dit-il, n'a pas l'esprit d'injure, il ne songe qu'à se défendre contre son adversaire : donc pas d'action. Entre autres textes il invoque la loi *44 de Jure Fisci* au Dig. : *delator non est qui protegendœ suœ causœ gratiâ aliquid ad fiscum nuntiat*. Il y a analogie entre cette hypothèse et la nôtre: il y a surtout même raison de décider. C'est bien la même règle que celle de la loi 13 § 1 D. *de Inj. et Fam. lib.*

On oppose à ce système la C. 10 au Code *de Inj.* ;

---

(1) Fachineus.— *Controversiæ Juris.* L IX, ch. XIII.

elle prévoit l'espèce suivante : Un citoyen de la ville et
de la République de Comanes, nommé Zénodore, a dit,
pour diffamer l'aïeule d'un de ses concitoyens Paul,
qu'elle était esclave : puis il s'est désisté. Dans ce cas
l'action est immédiatement donnée contre lui. Le texte
ajoute :

Si le diffamateur persiste dans son dire , et il en a le
droit , il convient de différer votre plainte , et ce sera
seulement si la liberté de votre aïeule est proclamée
qu'il lui sera donné suite. Ce texte montre, dit-on, que
si la preuve est faite , vous êtes à l'abri , quelle que soit
d'ailleurs l'intention qui vous a fait agir, mais que
dans le cas contraire, vous êtes tenu de l'action
d'injures.

A cela Fachineus répond que la situation est loin
d'être la même. Dans l'espèce prévue par Dioclétien et
Maximien, le diffamateur avait eu une intention coupable, ce qui est indiqué par les mots « *infamandi*
causá. » Il n'y a rien de semblable ici. Le plaideur n'a
eu que l'*animum defendendi se.* C'est de très bonne foi
qu'il a dirigé cette imputation contre le témoin. Il sait
aussi bien que tout autre qu'elle est déshonorante ;
mais cela ne fait pas disparaître sa bonne foi. Son seul
désir est de ne pas perdre son procès et « *juris executio
non habet injuriam.* »

La théorie de Fachineus était généralement suivie :
c'est celle qui me paraît la meilleure. Le plaideur est
à l'abri alors même que le reproche n'est pas vérifié.
C'est là le principe, mais il admet une exception, toute
d'équité. La maxime *qui jure suo utitur, injuriam non*

facit, ne sera d'aucun secours, quand il sera établi que les reproches ont été allégués dans un esprit de vengeance personnelle. Le plaideur devra donc justifier des raisons qu'il avait de croire à l'existence des faits par lui allégués : *si modo verisimiles aliquas opprobrii facti causas producere possit, ne alioquin porta malitiis aperiatur.* Le droit ne doit jamais dégénérer en abus.

PARAGRAPHE IV. — *Quatrième condition pour qu'il y ait délit de la parole ?*

La victime du délit doit être une *persona certa*. C'est ce que dit le jurisconsulte Ulpien (1). *Si incertæ personæ convicium fiat , nulla executio est.* Il faut que la victime du délit soit bien déterminée , qu'il n'existe aucun doute sur son identité, sans cela pas d'action d'injures. Bien plus, d'après Voët , il en sera de même si l'on n'a pas été désigné par son nom, *cùm utique de convicio nominatim agat.*

SECTION III.

De la répression des délits de la parole.

QUESTION I —Qui peut la demander ?

QUESTION II.—Contre qui peut-on la demander?

QUESTION III. — Des actions qui sont données pour l'obtenir ?

(1 L. 15, § 9 D. *de Inj. et F. L.*

QUESTION I. — *Qui peut la demander ?*

En principe, c'est la victime du délit, et elle seule : mais la puissance paternelle, la *manus*, la *dominica potestas* ont apporté une extension considérable à cette règle générale.

Les jurisconsultes Romains admettaient que l'injure pouvait être indirecte ; *per alias personas fit injuria*, disaient-ils. Celui qui outrage le fils en puissance, la femme *in manu mariti*, outrage par là même le *pater familias* et le mari. Il y a donc deux actions qui naissent d'un même délit : l'une pour la victime même, l'autre pour celui en puissance de qui elle est, car, *ipse propriam pati injuriam intelligitur*. Seulement, dans ce dernier cas, il faut examiner si l'intention du coupable a été telle qu'on la présume. S'il est prouvé qu'il n'a pas eu l'*animus injuriandi* à l'égard du *pater familias*, celui-ci n'aura pas d'action, parce que sans intention il n'y a pas d'injure.

Il suffira pour faire présumer l'existence de l'*animus* que vous ayez su insulter un *alieni juris* : peu importe que vous ayez ou non connu le père de famille, le mari : dans les deux cas ils auront l'action *suo nomine*.

A l'inverse, celui qui prend un fils de famille pour un *pater familias* ne peut pas être censé faire injure au père de famille, non plus qu'au mari dont il prendrait la femme pour veuve (1). Pothier nous en explique fort bien la raison. Pour que quelqu'un

------

(1) L. 18, § 4. D. *de Inj. et F. L.*

fût censé recevoir une injure comme père ou comme mari de la personne injuriée il faudrait que l'intention de l'agent eût été de la faire à un père ou à un mari. Ici, cette intention n'existe pas puisque l'auteur de l'injure s'imaginait que l'un était un père de famille et l'autre nne veuve ; que le premier était *sui juris,* que la seconde avait perdu son mari. Donc, dans ce cas, il n'y aura qu'une action. Elle appartiendra au fils de famille ou à la femme : mais ce sera au père ou au mari de l'exercer. Pour l'*æstimatio injuriæ* cela présentera de l'intérêt : celle-ci pourra varier en plus ou moins avec le rang de la personne injuriée (1) : *Non eadem utique facienda æstimatio est, quum possit propter filii dignitatem major ipsi quàm patri injuria facta esse.*

C'est donc le père de famille qui intente l'action lorsque son fils a été injurié. Ce droit est quelquefois exercé par ce dernier, quand son père est absent, *furiosus, infâme.* Le préteur donne l'action *cognitá causá, ipsi qui injuriam acceperat ;* à la victime même du délit Lorsque le père était présent cela n'avait pas lieu à moins que « *patris persona vilis abjecta que sit, filii honesta.* » Il ne doit pas laisser avilir son fils, parce qu'il est lui-même avili. Bien entendu, il faut qu'il s'agisse d'un fils en puissance : s'il était *sui juris* l'action n'appartiendrait qu'à lui seul.

Quant au mari, faut-il pour que l'injure faite à sa

---

(1) L 31, *D., de Inj. et F. L.*

femme fasse naître une action à son profit, qu'il ait sur elle la *manus* ? Gaïus, Commentaire III, § 221, répond affirmativement à cette question. D'après M. Pellat ce texte ne nous serait pas parvenu en son entier, et il faudrait le restituer de la manière suivante : *Imo etiam pati injuriam videmur per uxores quamvis in manu nostrâ non sint* (1). Il en résulterait que la *manus* n'est point nécessaire. C'était là très probablement ce que disait Gaïus. A la fin du paragraphe il prévoit l'hypothèse où l'on a injurié une fille de famille mariée à Titius. L'action pourra, dit-il, être intentée non seulement *filiæ nomine*, mais encore *patris et Titii nomine*. Or, comme le dit un auteur : si l'action peut être exercée *patris nomine*, c'est que sa fille est sous sa puissance : étant sous sa puissance, il est impossible qu'elle soit en même temps sous la *manus* de son mari Titius, du moins lorsque celle-ci est acquise *coemptione*.

D'ailleurs la question a pu être controversée entre les jurisconsultes Romains. C'est ce que Justinien semble indiquer en disant de la solution qui a fini par triompher : *id enim magis prævaluit*. Dans le dernier état du droit la question n'est plus douteuse : le mari est atteint par l'injure adressée à la femme qui n'est pas *in manu suâ*.

La réciproque n'est pas vraie. Quand un mari est injurié, sa femme n'acquiert pas d'action de ce chef. Il ne faut pas, dit Justinien intervertir les rôles : c'est aux

---

(1) *Manuale Juris Synopticum*, p. 554, note 1.

maris à défendre leurs femmes, et non à celles-ci à défendre leurs maris.

L'on avait aussi décidé que l'injure faite à la fiancée de *Primus*, était censée l'atteindre : *etenim spectat ad contumeliam sponsi, injuria quæcumque sponsæ ejus fiat.*

Quant aux esclaves on les considère comme ne pouvant être injuriés eux-mêmes : *quum careant capite et existimatione quæ per injuriam diminuitur.* Quise rendait coupable du délit vis-à-vis d'un esclave atteignait indirectement son maître. Celui-ci avait l'action d'injures, pourvu que l'injure fût atroce , et qu'elle fût évidemment faite *ad contumeliam suam.*

Plus tard , sous l'influence du Droit Prétorien , la législation Romaine s'inspira davantage des principes d'équité et d'humanité. Lorsqu'il s'agit d'injures réelles il fut admis que l'injure atteignait personnellement l'esclave Le maître exerçait l'action *nomine servi.* Quand l'esclave n'avait été ni mis à la torture , ni frappé le préteur ne délivrait l'action que *cognitâ causâ. Nam si leviter percussus sit, vel maledictum ei leviter , non dabit actionem* (1). Il résulte de ce texte que pour les injures verbales de peu d'importance le maître ne pouvait intenter l'action, *nomine servi.*

QUESTION II. — *Contre qui peut-on demander la répres sion ?*

C'est contre l'auteur de l'injure, quel qu'il soit :

---

(1) L. 15, § 44. D. *de Inj et F. L.*

ainsi, contre un magistrat. Seulement, il faudra pour cela qu'il ne soit plus revêtu de sa charge, quand elle est d'un ordre supérieur. On appelle ainsi ; celles de consul, de proconsul, de préteur, en un mot toutes celles qui donnent au titulaire « l'*imperium* » le droit de faire arrêter quelqu'un, et de l'envoyer en prison.

A l'inverse, les magistrats qui « *sine imperio aut potestate sunt* » peuvent être actionnés pour injures, pendant la durée de leurs fonctions (1).

Ainsi, est tenu, l'auteur de l'injure. Que faut-il comprendre sous ce nom ? C'est le complice, et tout d'abord le mandant. *Qui mandavit ipse fecisse videtur.* Cela n'empêchera pas le mandataire d'être poursuivi , car il a exécuté le crime qu'un autre lui a commandé. *Illum auctorem sceleris, hunc ministrum vocant*, dit Tacite (2). Le mandataire est le ministre de l'auteur principal.

Comme le dit très bien Voët, il n'y a pas d'objection à tirer de ce que le *mandatum rei turpis* ne forme aucune obligation entre le mandataire et le mandant. Ils sont l'un et l'autre obligés non pas *ex contractu* , ni entre eux : mais ils sont tenus tous deux *ex delicto* envers la victime. Le mandant n'est pas plus excusé parce que le mandataire a exécuté le mandat , que ne l'est le mandataire parce que le mandat lui a été donné. Tous deux sont également responsables. Est aussi con-

---

(1) L 32. *Ibid.*

(2) Bist. IV. 37.—Ulpien L. 11, § 3 D. *de Inj. et F. L.*

sidéré comme complice celui *qui te conduxit ut injuriam facias, qui te persuasit, vel summisit ut alii vociferarentur.*

Si l'on avait donné le conseil d'outrager quelqu'un , et que ce conseil n'eût pas été suivi d'effet il n'y aurait pas d'action donnée. De même , dit Pothier, si l'on a seulement approuvé le projet de faire injure. Il faut , en effet , pour être coupable de complicité , avoir à se reprocher plus qu'un conseil, plus qu'un encouragement (1).

Pour que le complice soit punissable, il faut qu'il ait eu l'*animus injuriandi* ; la règle *injuria ex affectu facientis consistit* s'applique à lui tout aussi bien qu'à l'auteur principal. Si celui qui a donné l'ordre a autorité sur celui qui l'exécute , le mandant seul sera responsable devant la loi. Ainsi, lorsque le mandataire est un esclave , un fils de famille, du moment que l'injure n'est pas atroce, il n'a rien à craindre : *nempè mandatarium ab actione injuriarum et pœnâ liberat parendi necessitas* (2). C'est ce que dit la loi 157, D de ***Reg. juris : Ignoscitur servis, si dominis obtemperaverint.*** La loi 4 au même titre est non moins formelle : *velle non creditur, qui obsequitur imperio patris vel domini.* Le fils en puissance, comme l'esclave n'a été qu'un instrument, celui qui doit être poursuivi c'est celui-là seul qui s'en est servi.

---

(1) L. 11, § 6, D. *de Inj. et F. L.*
(2) Voët, *loc. cit.*, p. 821 n° 3.

Si, au contraire, ces *alieni juris* ont commis l'injure de leur propre mouvement , le maître n'est pas , à vrai dire , soumis à l'action d'injures. Il n'a qu'une obligation : celle de réparer l'offense commise. Pour mettre fin à la poursuite il y aura un moyen bien simple: payer l'estimation de l'injure , ou faire l'abandon noxal, ou enfin faire frapper de verges l'esclave si le demandeur se déclare satisfait de ce châtiment

Question iii. — *Quelles actions sont données pour l'obtenir ?*

« Tout ce qui sera dit pour diffamer autrui donnera lieu à l'action d'injures. » Tels sont les termes de la loi 15; § 27, D. *de Inj. et F. L.* Quant à Justinien, il nous apprend que toute injure, quelle qu'elle soit, donne lieu à deux actions, au gré de la victime. « *In summâ* » *sciendum est de omni injuriâ , eum qui passus est ,* » *posse vel criminaliter agere vel civiliter* (1). »

C'est donc l'action d'injures que l'on peut intenter, et l'on a le choix entre l'action civile et l'action criminelle. Que faut-il entendre par ces mots action civile ? Ils sont employés par opposition , tantôt à l'action prétorienne, tantôt à l'action criminelle. C'est dans ce sens qu'il faut ici les prendre.

L'action civile résulte en effet de la loi Cornelia : elle est seulement accordée à trois personnes ; à celle qui a été poussée, frappée, ou dont on a violé le domicile. La loi Cornelia ne réprimant que l'injure réelle , nous n'avons pas à en parler ici.

---

(1) *Inst.*, L. IV, T. IV, § 10.

Le mot *civiliter* n'est donc employé que pour faire antithèse à *criminaliter*. La victime pourra choisir entre deux actions : l'action criminelle, et celle donnée en vertu de l'édit du préteur : il contenait ces mots : *Ne quid infamandi causâ fiat : si quis adversùs ea fecerit, prout quæque res erit animadvertam* (1).

PARAGRAPHE I. — *Caractères communs aux actions d'injures.*

1° Elles sont pénales : ceci est vrai de l'action criminelle et de l'action prétorienne. Celle-ci tend aussi bien que la première à l'application d'une peine. Elle consistera ici en une somme d'argent que l'auteur de l'injure devra payer à celui qui en a été la victime. « Dans ce cas, » comme le dit M. de Savigny, « l'offen-
» seur se trouve plus pauvre qu'il ne l'était avant
» l'offense, de la somme qu'il débourse, et dont
» l'offensé sera en revanche plus riche d'autant. La
» somme à payer est la peine privée qui amène des
» deux côtés un changement dans l'état du patri-
» moine (2). »

Les deux actions ont but identique : c'est d'obtenir la répression de l'injure : *quærunt vindictam.*

2° Ces actions sont infamantes. Le défendeur qui y succombe est noté d'infamie. Peu importe qu'il s'agisse d'une action prétorienne ou d'une *cognitio extraordinaria.* Le résultat en est le même. C'est ce que dit le jurisconsulte Macer. En général l'infamie frappe seule-

---

(1) L. 15, § 25. D., *de Inj. et F. L.*
(2) Droit des Obligations. T. II, p. 444.

ment ceux qui ont succombé sur une accusation criminelle, à moins qu'il ne s'agisse d'un crime dont l'action privée emporte l'infamie pour le condamné, comme celle d'injures, etc. (1).

Ailleurs, on lit : *ex quibusdam judiciis damnati ignominiosi fiunt, velut injuriarum* (2).... Il n'était même pas nécessaire que la condamnation eût été prononcée : une transaction suffisait, *nempe intelligitur confiteri crimen qui paciscitur* (3).

Il n'y avait qu'un moyen d'éviter cette peine: c'était de se faire représenter par un *procurator* ou un *fidejussor*. Dans cette hypothèse pas d'infamie, parce que le condamné n'était pas poursuivi *suo nomine* ; *infamiâ notatur qui injuriarum suo nomine damnatus pactus ve erit* (4). Il en résulta que la loi perdit ce qui doit être l'un de ses caractères, si l'on veut lui assurer le respect de chacun : celui d'intimidation. — Il faut ajouter que ce droit de se faire représenter était spécial à l'action prétorienne ; quelques privilégiés en jouissaient seuls dans l'action criminelle (5).

PARAGRAPHE II. — *Des actions d'injures et des peines qu'elles édictent pour les délits de la parole.*

La loi des XII Tables réprimait l'injure verbale. Une action *legitima* avait été créée dans ce but. Les décem-

---

(1) L. 7, D , *de Inj. et F. L.*
(2) *Inst.*, L. IV, T. XVI, § 2, pr.
(3) L. 5, *de his qui notantur infamiâ D.*
(4) L. 6, § 2, D., L. III, T. II.
(5) Paul Sent., L. V, T. IV, p. 12.

virs avaient fait une différence entre la diffamation ,
verbale , et l'injure de même nature. La seconde était
punie d'une amende de XXV as : *Qui injuriam alteri
faxit XXV pœna sunto* (1).

La diffamation entraînait un châtiment extrêmement
rigoureux : c'était celui des verges : il pouvait entraîner
la mort du condamné. Voici les termes de la loi : *Si qui
pipulo occentâssit..*(2) *fuste ferito.* Si quelqu'un diffame
antrui en paroles, qu'il soit frappé de verges Le mot
pipulum signifie en effet, au dire de Varron, *convicium,*
et dérive de *pipatus pullorum.* Il est à croire que ceux
qui allaient pousser des clameurs injurieuses à la porte
d'un citoyen pour le diffamer, imitaient de temps en
temps le *pipatus pullorum.* De là le nom de *pipulum*
donné à l'offense parce qu'elle était accompagnée de
gloussements.

Plus tard on remplaça le mot *occentare* par celui de
d'fferre, et l'on dit : *differre pipulo* ou plus simplement
differre. En voici des exemples : *Ego te differam verbis
meis : differor sermone miser.*

Quoiqu'il en soit la distinction de la loi des XII Tables
était excellente, la diffamation doit être punie plus sévèrement que l'injure légère, puisque elle nuit davan-

---

(1) *Mosaic. et Rom Leg. coll.* T. II, ch. V.

(2) On considère encore comme une offense à l'honneur et la
considération , non seulement l'expression publique du peu
d'estime que l'on éprouve pour une personne mais même les
les efforts que l'on fait pour communiquer ce mépris à d'autres.
Peut-être est-ce à ce cas que s'applique l'*occentare* de la loi des
XII Tables.—Walter. *Hist. du Dr. Cr. chez les R. t. V.*

tage. Ce que l'on peut reprocher à cette législation ,
c'est d'avoir édicté une peine qui est en disproportion
manifeste avec le délit qu'elle punit.

I. — ACTION PRÉTORIENNE.

Introducta est more dit Paul : c'est elle qui peu à peu
s'est introduite dans la législation, pour y prendre la
place de l'*Actio Legitima quæ in desuetudinem abiit* (1).
Comme le dit Cujas cette action a eu pour objet spécial
le *convicium*, et pour objet général tout ce qui est fait
dans l'intention de nuire à la considération d'autrui.
*Est specialiter proposita de convciis, et generaliter, de
omnibus quæ ad infamiam alterius fiunt* (2).

Quelle est la procédure de cette action ? Elle peut
être intentée par un procurator, par un tuteur. Le
défendeur a aussi le droit de se faire représenter.

Le jurisconsulte Paul dans le titre qui a pour rubri-
que : *Quemadmodum injuriarum agatur*, donne sur la
procédure de l'action prétorienne d'intéressants dé-
tails (3).

Le demandeur, dit-il , doit *certum dicere , quid injuriæ factum sit*. Que faut-il entendre par ces mots « certum dicere ? » Voici la réponse de Paul : *Certum dicit
qui suo nomine demonstrat injuriam*. C'est donc, préciser, articuler, désigner les faits dont on se plaint. S'il

---

(1) *Inst.* L. IV. T. IV, § 7, *in medio.*
(2) *In J Pauli recept. Sent.* L. V, T. 1, c. 420.
(3) *Mos. et Rom. Leg Coll.* T. II, C VII, p. 1, 2, 3, 4, 5.

y en a plusieurs il faut les réunir , afin que le demandeur soit obligé de prouver leur existence à tous. Ainsi,
celui qui se plaindra d'avoir été *infamatus* devra ajouter
de quelle manière il l'a été. La formule sera conçue de
la manière suivante : « *Quod Numerius Negidius ,
sibilum immisit Aulo Agerio infamandi causá.* »

Quoique le texte garde le silence sur ce point, nous
sommes en droit d'en conclure qu'il devait en être de
même au cas où l'injure était verbale, où il s'agissait
d'une diffamation parlée. Le plaignant *non certum dicet*
s'il affirme uniquement avoir été diffamé. Il faudra qu'il
rapporte les paroles qui ont été prononcées , qu'il
articule en un mot les faits pour lesquels il se présente
devant le préteur.

Ce sera à ce magistrat de décider si le demandeur
a spécifié suffisamment l'injure qu'il a reçue : *certum
autem an incertum dicat cognitio prætoris est.* On ne
doit pas rester dans le vague, sans cela, comment voir
s'il y a bien les éléments du délit ?

QUELLE PEINE FAISAIT ENCOURIR L'ACTION PRÉTORIENNE?

L'amende de 25 as que la loi des XII Tables prononçait contre l'auteur d'une injure verbale était trop
faible. L'on pouvait à ce prix, se payer, sans crainte de
se ruiner, le plaisir de dire des paroles mal sonnantes
à un ennemi. D'un autre côté , la diffamation était réprimée trop sévèrement. Tout cela fut changé par le
préteur qui établit un système différent , c'est la personne injuriée qui estime elle même le montant de

l'injure : le chiffre de l'*œstimatio* varie avec la position, le rang, la qualité de la victime. Le juge était souverain appréciateur du point de savoir si cette évaluation était exacte ou exagérée. Il était le maître absolu d'accorder au demandeur la somme par lui fixée ou de la diminuer. — Il n'en était plus de même quand l'injure était atroce. — Qu'appelle-t-on de ce nom ?

Une injure est atroce : 1° *Ex loco* : si elle a été proférée au *forum*, au théâtre.

2° *Ex tempore* : si c'est pendant le jour.

3° *Ex personâ* : si l'auteur de l'injure est de basse condition, si la victime est un magistrat, un sénateur, une personne illustre.

L'injure réelle pouvait être atroce *ex facto* : ce caractère ne peut résulter de là pour l'injure verbale.

Dans l'hypothèse d'une injure atroce le montant de la condamnation était fixé par le préteur. Voici ce qui avait donné lieu à cet usage. Lorsque les parties se présentaient devant le préteur, si l'affaire ne pouvait être terminée le jour même, elle était remise. Le préteur estimait alors si l'injure était grave en déterminant la somme pour laquelle on devait donner caution de se représenter devant lui. La même somme est indiquée dans la formule ; elle sert, au juge, dit Gaïus, à déterminer le montant de l'amende, parce que, tout en étant le maître de condamner à moins, le juge ne l'ose pas cependant, *propter ipsius prætoris auctoritatem* (1).

---

(1) Gaïus. C. III, § 224.

A l'époque de Justinien ces règles étaient encore en vigueur : c'est ce que nous voyons énoncé aux Institutes : *quam autem prœtores introduxerunt, quœ etiam honoraria appellatur, in judiciis frequentatur.* (1)

En résumé, comme le dit fort bien, un auteur contemporain : (2) « Il faut surtout remarquer dans ce
» système le pouvoir discrétionnaire laissé au juge.
» L'appréciation personnelle joue ici le plus grand.
» rôle. On peut supposer deux juges également intè-
» gres, également éclairés : saisis de la même *actio*
» *injuriarum*, il est à peu près certain qu'ils n'arrive-
» ront pas au même chiffre de condamnation. »

Ce système présentait de grands avantages. Il laissait à la victime du délit et au juge la liberté de mesurer la peine sur la faute : de la proportionner à la nature de l'offense, à sa gravité, à l'atteinte plus ou moins grande qui avait été portée à la réputation d'autrui.

II. — ACTION CRIMINELLE.

L'injure était, à Rome, rangée parmi les délits privés ; *privati continet querelam* (3). L'on pourrait donc, au premier abord, croire qu'en cette qualité elle donnait seulement lieu à une instance devant les tribunaux civils. Mais Justinien est formel sur ce point : il nous

---

(1) *Inst* L IV. T. IV. § 7 *in fine.*
(2) Demangeat, T. 2. p 411.
(3) C. 7 et 11. C, *de Injuriis.*

dit que l'on peut agir criminellement pour toute espèce d'injures.

Les poursuites criminelles eurent à subir bien des
transformations. Avant la fin de la République, des
lois spéciales réglaient pour chaque crime la manière
de procéder, créaient pour sa répression un tribunal
permanent : déterminaient même quelquefois la peine à
appliquer. En ce qui concerne les injures, je citerai
la loi Cornelia portée par Sylla. C'était là ce que l'on
appelait les *Quæstiones Perpetuæ* ou *Publica Judicia*.
Ceux-ci constituaient la règle générale. L'exception,
c'était la procédure extraordinaire. La justice était dans
ce cas rendue par le peuple, ou par une commission
nommée pour chaque affaire. Plus tard il en fut autrement. C'est ainsi, dit M. Walter, qu'avec le temps plusieurs délits privés furent punis de peines publiques
déterminées soit par les lois soit *extra ordinem*. Nous en
trouvons la preuve dans les lois 6 et 45 D. de Inj.
et F. L.

1° Différences entre l'action prétorienne et l'action criminelle.

1° Dans l'action prétorienne il était permis de se
faire représenter : dans la seconde ce privilége n'a été
accordé par Zénon qu'aux personnes illustres. Elles
pouvaient intenter l'action ou y défendre *per procura-
torem* (1). L'on avait décidé ainsi afin de leur éviter

---

(1) C. 11 au Code *de Inj.*

l'infamie ainsi qu'à leurs femmes et à leurs enfants
« *ne facilè aspergerentur infamiâ.* »

2° L'action prétorienne se prescrit par un an : l'action criminelle ne disparait qu'au bout de vingt ans,
du moins d'après certains commentateurs.

3° Dans l'action prétorienne la condamnation pécuniaire est prononcée au profit de la victime ; dans l'action criminelle c'est au profit du fisc.

2° CONCOURS DE L'ACTION PRÉTORIENNE ET DE L'ACTION CRIMINELLE.

Deux actions sont ouvertes pour la répression du délit
d'injure. L'une et l'autre ont le même but : celui de faire
condamner le coupable. Aussi l'une a pour effet d'exclure l'autre : *quoties concurrunt plures actiones ejus-
dem rei nomine unâ quis experiri debet.* C'est ce que
nous dit M. de Savigny : « Plusieurs délits privés sont
» atteints par une peine publique, sans que néanmoins
» les deux peines puissent se cumuler ; une seule est
» applicable au choix de la personne lésée. Ce droit
» d'élection très bien approprié au but est spécialement
» établi pour l'injure (1). »

La loi 35 , D., *de Inj. et F. L.* et le § 10 aux *Inst.,*
L. IV, T. IX, sont rédigés en ce sens. Celui qui a commis une injure atroce ne craint-il rien de l'action d'injures parce qu'il est déjà noté d'infamie et qu'il est très

____

(1) Droit Romain. T. V, p. 268.

pauvre , il y aura lieu à une poursuite criminelle. D'où il résulte que l'on instruit *extra ordinem* pour une seule raison , c'est que l'action prétorienne n'a pas été intentée et qu'elle ne peut l'être à cause de la position du défendeur.

Ainsi l'action est double ; mais comme *utraque pœnalis vindictam persequens, ut una alteram consumat ; neque enim bis vindicatur.* Sitôt que la *vindicta* a été obtenue par l'une ou par l'autre voie , on ne peut prendre la seconde, parce que, comme le dit Perezius (1) : *idem bis non vindicatur.*

La loi 6 *in fine* **D.** *de Injuriis* est formelle en ce sens ; elle sera étudiée spécialement à propos du libelle diffamatoire.

3° DE LA PEINE ENCOURUE DANS L'ACTION CRIMINELLE.

Sin autem criminaliter extraordinaria pœna reo irrogatur (2). Le juge a donc un pouvoir discrétionnaire : il a le choix de la peine qui n'est même pas indiquée par le texte.

Si le coupable est noté d'infamie, ou s'il est très pauvre, ce qui lui fait mépriser l'action : *prætor acriter hanc rem exequi debet, et eos qui injuriam fecerunt coercere.*

La loi 45 *de Injuriis et F. L.* énumère les peines que le juge peut, à son gré, infliger à l'auteur de

---

(1) Perezius, p. 207 n° 16.
(2) *Inst.*, L IV, T. IV, § 10.

l'injure. La latitude la plus grande lui est encore laissée. « *De injuriâ extra ordinem ex causâ et per-* » *sonâ statui solet. Liberi humilioris loci fustibus sub* » *jiciuntur. Ceteri autem , vel exilio temporali, vel* » *interdictione certæ rei coercentur.* » Nous sommes bien loin de la réparation pécuniaire édictée par le préteur. Quant aux mots *interdictione certæ rei ,* suivant Pothier, ils signifient l'interdiction de certaines fonctions, par exemple de celles d'avocat.

Contre les esclaves des peines spéciales avaient été prononcées. En cas d'injure atroce, c'était la condamnation aux mines ; en cas d'injure légère , c'était la peine du fouet et d'un emprisonnement temporaire ; après l'avoir subi, l'esclave était restitué à son maître.

PARAGRAPHE III. — *Comment s'éteignent ces actions ?*

1° Par la mort de l'auteur ou de la victime du délit.— La raison en est que l'action d'injures *ad pœnam et vindictam tendit.* L'extinction ne se produirait pas si le décès du demandeur ou du défendeur était arrivé après la *litis contestatio* dans un procès civil pour injures. Dans ce cas la personne injuriée ou ses héritiers continueront l'instance contre l'auteur du délit ou ses héritiers. *Semel autem lite contestatâ, hanc actionem etiam ad successores pertinere.* Quant à l'action criminelle , la mort de l'accusé l'empêchera d'être poursuivie contre ses héritiers quand elle aura pour objet de faire infliger une peine corporelle. La *litis contestatio* n'aura donc plus le même effet que tout à l'heure.

2° Par le pardon. — C'est ce que les Romains appelaient *remissio. Qui enim accepit satisfactionem, injuriam suam remisit. Nam et si nudâ voluntate injuriam remisit , indubitatè dicendum est, extingui injuriarum actionem , non minus quàm si tempore abolita fuerit injuria* (1).

Il y a deux sortes de pardon :

1° Le pardon tacite qui se confond avec la prescription.

2° Le pardon exprès : il peut être spontané ou intéressé.

Dans le premier cas , l'auteur de l'injure n'a plus rien à craindre : on suppose qu'elle n'a pas été bien grave, ou qu'il a témoigné un repentir qui lui a fait mériter et obtenir son pardon.

Dans le second cas, c'est-à-dire quand la *remissio* a lieu à prix d'argent, la peine principale n'est pas encourue il est vrai, mais l'infamie frappe encore l'auteur de l'injure. Du moment que la renonciation à l'action d'injures est obtenue de cette manière, il n'y a plus à proprement parler un pardon : il y a pacte ou transaction. En payant le silence du demandeur, on reconnaît par là même sa propre culpabilité. Si l'insulté remet la peine , libre à lui, mais la loi ne suit pas cet exemple et l'infamie est encourue.

3° Par la Prescription. — Cujas pose en règle générale que toutes les actions d'injures sont annales. *« Hæc omnia judicia , ut arbitror, annalia. »* Malgré

---

(1) L. 17, p. 6, D., *de Inj. et F L*

celte imposante autorité, il a été cependant soutenu par des jurisconsultes qu'il fallait distinguer entre l'action prétorienne et l'action criminelle.

1° *Action Prétorienne.* — En sa qualité d'action pénale honoraire elle s'éteint au bout d'un an. C'est un pardon tacite accordé à l'auteur du délit. Les Institutes (1) nous apprennent en effet que les actions « *ex propriâ prætoris jurisdictione pendentes plerumque intra annum vivunt.* » La loi 5 au Code *de Injuriis* dit aussi que l'action d'injures *annuo tempore præscripta est.*

Ainsi, voilà qui est certain, l'action prétorienne s'éteint au bout d'un an : restent maintenant deux questions à résoudre.

1° Quelle est la nature de ce délai ? Est-il continu, ou bien utile ?

2° Quel est son point de départ ?

Première question. —*Le délai est-il continu.—Est-il utile ?*

D'après Cujas, l'action prétorienne est : *annalis actio quæ, ut opinor, finitur anno continuo.* En effet, dit-il, la loi 5 au Code, *de Injuriis* dit simplement que l'action s'éteint au bout d'un an, et toutes les fois qu'un texte n'appelle pas « utile » le délai, c'est qu'il est continu.

Je crois pourtant avec Voët, Fachineus, Zoezius et d'autres commentateurs qu'il s'agissait d'une année utile. Dans les actions prétoriennes le délai est de cette

----

(1) L. IV, T. XII, pr.

nature, lorsque le préteur n'a pas dit d'une manière
formelle qu'il était continu. Bien plus , d'après **M.** Demangeat (1), il y a une disposition formelle en ce sens,
pour l'action d'injures (2).

DEUXIÈME QUESTION.—*Quel est son point de départ ?*

Les auteurs sont tout aussi divisés sur cette seconde
question que sur la première. Les uns, tels que Perc-
zius, Accurse, J. Clarus, soutiennent qu'il court du jour
où l'injure a été commise. Ce sont ceux qui voient dans
l'année laissée pour agir un délai continu : *nempè annus
continuus currit etiam ignoranti*. L'action d'injures est
odiosa, disent-ils partant, c'est rentrer dans l'esprit
de la loi que d'en restreindre le plus possible la durée.

La majorité des commentateurs n'admettait pas ce
système. Sur quelles présomptions s'appuie la prescription ? sur celle de pardon accordé à l'auteur du délit :
or la victime ne peut pardonner une offense qu'elle ne
connaît pas. Sur l'idée de retard et de négligence : or
est-ce que l'ignorance n'exclut pas cette présomption ?
La solution précédente n'est donc pas conforme à
l'équité. Si l'action d'injures est *odiosa*, il y a quelque
chose qui ne l'est pas moins : c'est de dépouiller un
citoyen d'une action née d'un délit commis contre
lui, à son insu, sous prétexte qu'il a pardonné l'offense
dont il n'avait pas connaissance.

En résumé , le délai est utile ; c'est à-dire qu'on y

---

(1) Demangeat, T. II, p. 667
(2) Loi 14, p. 2. *Quod metús causa.*

comptera seulement les jours fastes, ou ceux pendant lesquels on peut agir en justice. Cela équivaudra à quatre années continues. Leur point de départ sera *ex die scientiæ*, du moment où la victime aura su qu'une injure lui avait été adressée.

ACTION CRIMINELLE.

Contrairement à l'opinion de Cujas l'on a dit que le temps nécessaire à la prescription est ici beaucoup plus long. Il faut 20 ans dont le point de départ se place au jour où le délit a été commis. C'est une règle générale applicable aux actions criminelles à moins de dérogation formelle écrite dans un texte « *cum ordinarium fit, ut criminales accusationes, quibus breviora tempora non sunt apertè præstituta, ad annos XX a perpetrato crimine durent* (1). » « *Judicia criminalia regulariter XX annis finiuntur.* (2) » — Mais un texte spécial existe en notre matière : c'est la loi V au Code *de Injuriis*, qui dit de l'action d'injures, sans la moindre distinction, qu'elle s'éteint par un an : je me rallie donc à l'opinion de Cujas.

4° *Dissimulatione.* — Lorsque la personne qui a été été injuriée ne se considère pas comme offensée , il manque quelque chose pour qu'il y ait délit. Il faut qu'il y ait eu une atteinte outrageuse. Si vous n'attachez pas d'importance aux paroles prononcées (*si ad*

---

(1) Voöt, *loo. oit.*, p. 831, n° 21.
(2) Vinnlus, *loc. cit.*, p. 950, c 1.

animum vestrum non revocaveris) vous leur refusez par là ce caractère essentiel à l'existence de l'action. Il ne vous sera plus permis de revenir sur ce dédain que vous avez montré, ni de vous raviser ; *nempe actio dissimulatione aboletur.*

Cujas donne une curieuse application de ce principe : celui qu'on a prétendu être un esclave, a sitôt qu'il est reconnu libre, une action contre celui qui a eu l'intention de le diffamer. Mais pour qu'il puisse agir, il faut qu'il établisse par témoins ; qu'au moment où cette imputation a été dirigée contre lui, *revocavit eam ad animum.* Autrement *actio injuriarum silentio aboleretur* : l'action serait éteinte par le silence que vous avez gardé (1).

5° *Par le serment.*—La loi 11, § 1er, D. *de Inj. et F. L.* dit : *Si jusjurandum exactum est actio injuriarum non tenebit.* Le serment était moins un moyen d'éteindre l'action d'injures qu'une présomption en faveur de l'accusé. Présomption qui empêchait le demandeur de triompher. Le serment portait sur l'existence de l'*animus injuriandi,* ou sur l'injure elle même.

6° *Quid de la compensation ?* — Voici l'hypothèse dans laquelle ce mode d'extinction pourrait se produire.

Primus appelle *Secundus* un voleur, et celui-ci, sans perdre un instant, riposte en lui adressant le même reproche Faut-il admettre en cette matière la règle

---

(3) J. C. *Recitationes Solemnes.*—Col. 919. C. L. 31 *de lib. causá.*

d'après laquelle : *paria delicta, mutuâ pensatione tolluntur ?*

Oui, disent certains auteurs, car elle est formulée au
Digeste par Papinien (1) et Ulpien (2). Ce dernier l'applique à une espèce voisine de la nôtre. Un affranchi
avait imputé au fils de son patron le crime de lèse-
majesté : celui-ci, pour se venger *in eum retorsit cri-
mina. Ignoscendum est ei*, dit Ulpien, *si voluit se ul
cisci provocatus.* Nous avons même raison de décider
ici. D'ailleurs, ajoute-t on, si pour défendre sa vie, il
est permis de repousser la force par la force (3), pourquoi ne pourrait-on pas, *injuriam injuriâ retorquere*,
pour défendre son honneur ? Ne doit-il pas nous être
aussi cher que notre vie ?

Ce système était vivement combattu : la compensation ne doit pas être admise ici, pour des raisons
nombreuses

D'abord, au point de vue des textes. Oui, cette
maxime est formulée dans les lois 14, § 6 *de bonis li-
bert*, 39 Sol. Matr. au Digeste, mais elle ne doit pas
être étendue à d'autres hypothèses que celles là. Elle
n'a pas le caractère de généralité qu'on veut lui attribuer ici.

Pourquoi permet-on à celui qui est frappé de repousser la force par la force ? C'est pour qu'il puisse

---

(1) Loi 39. *Sol. Matr. D.*
(2) L 14, § 6, *do Bonis lib. D.*
(3) L 3, *de Justit. et Jure D.*

défendre sa vie, non pour qu'il se venge. Il ne peut, dit Matthæus, réclamer ni surtout attendre le secours des lois. S'il le faisait, il courrait grand risque d'être assommé avant que le préteur eût prononcé trois paroles. Pour l'injure cette raison existe-t elle ? Celui qui répond sur le même ton à son adversaire le fait pour se venger, non pour se défendre, car l'injure est reçue et ne peut être évitée. Ici, pas de danger à attendre le secours des lois : celui *qui injuriam injuriâ retorquet* a évidemment l'*animus injuriandi*, et non pas celui *defendendi se*. Il n'y a donc aucune assimilation à établir entre deux situations qui, étant différentes, ne doivent pas être soumises à la même règle.

Enfin, au point de vue de l'ordre public, est-ce qu'un pareil mode d'extinction ne serait pas la plus déplorable des règles ? Est-il vraisemblable que le législateur ait jamais pu consentir à une abdication de ce genre au profit de la vengeance individuelle ?

Ce qui était permis c'était sans doute, comme le dit Vinnius, la légitime défense. Si l'on vous appelle brigand ou voleur, vous ne pouvez pas appeler de même celui qui a pris l'initiative de l'injure : ce serait vouloir vous venger. Mais vous aurez le droit de lui dire : vous êtes un menteur, car ce sera pour défendre votre honneur et affirmer votre innocence (1).

---

(1) Vinnius, *loc. cit.*. p. 842 n° 5.

SECTION IV.

Règles plus spécialement applicables à la diffamation verbale.

Les règles dont il va être ici traité sont celles qui ont été examinées dans l'étude historique de la diffamation chez les peuples de l'antiquité. Elles sont au nombre de deux :

1° Les attaques contre la mémoire des morts sont-elles tolérées ?

2° Quelle est l'influence qu'exerçait en Droit Romain la vérité du fait allégué en matière de diffamation verbale ?

I. — LES ATTAQUES CONTRE LA MÉMOIRE DES MORTS SONT-ELLES TOLÉRÉES EN DROIT ROMAIN ?

Il ne s'agit pas ici du point de savoir si l'héritier de *Primus* a une action contre celui qui a diffamé *Primus* avant sa mort. Il a déjà été dit que l'action d'injures était personnelle au défunt, et qu'elle ne passait à l'héritier que dans le cas où la *litis contestatio* aurait eu lieu avant le décès de *Primus*. Dans le cas contraire, il était censé avoir pardonné l'offense, et comme « la » poursuite des délits de cette espèce avait plutôt » pour objet de venger l'honneur de la personne inju-

» riée que de demander des dommages et intérêts, *ut*
» *vindicetur, non ut damnum sartiatur*, il s'ensuivait
» qu'elle ne passait pas aux héritiers (1). »

La question se pose donc ainsi : l'héritier a-t-il le droit de se dire atteint par la diffamation dirigée contre son auteur depuis l'ouverture de sa succession, et d'intenter une action contre le coupable ? Comme cette action n'a jamais existé au profit de *Primus*, qui a été diffamé après sa mort, on ne peut dire qu'elle fait partie du *jus hereditarium*, et que l'héritier l'a acquise avec la succession. Comme, de plus, la diffamation est dirigée contre la mémoire du défunt, non contre la réputation de l'héritier, on serait tenté de répondre que celui-ci n'a pas le droit de poursuivre la répression d'une injure dont il n'est pas la victime.

Ce n'était pas là cependant la théorie des jurisconsultes Romains. Tout en considérant le droit de se dire diffamé comme essentiellement personnel à la victime du délit, ils accordaient l'action d'injures à l'héritier. Ils étaient arrivés à ce résultat par une fiction, leur ressource ordinaire en pareil cas. Les attaques contre la mémoire du défunt étaient censées faites à l'héritier.

« Ce délit traversait, pour ainsi dire, une personne pour en frapper une autre. » De même qu'un père de famille avait *suo nomine, l'actio injuriarum* pour l'injure faite à son fils en puissance, de même l'héritier l'avait aussi pour la diffamation commise contre son auteur.

---

(1) Faustin Hélie T. II, p. 675 n° 559.

C'était là l'injure indirecte *quam per alias personas pati videmur*. Entre l'héritier et le défunt il y avait solidarité d'honneur ; s'attaquer à la réputation du mort , c'était s'attaquer à celle du vivant.

On trouve cette idée exprimée à maintes reprises dans les textes : *spectat enim ad existimationem nostram si qua fiat ei injuria ; idem que est si fama ejus cui heredes extitimus, lacessatur* (1) ; et plus loin : *dicendum est , injuriam heredi quodammodo factam, semper enim heredis interest defuncti existimationem purgare* (2).

Aussi, comme on l'a très bien dit, cette loi est écrite en faveur de l'héritier, « ce n'est pas sur l'intérêt de
» la mémoire du défunt, c'est sur l'intérêt personnel de
» l'héritier que cette action s'appuie ; ce n'est pas
» parce que le délit a lésé le premier qu'il y a lieu de
» poursuivre ; c'est parce que cette lésion rejaillit sur
» l'autre, et que celui-ci se trouve lui-même blessé (3). »

C'est parce que l'héritier était le continuateur du défunt qu'il avait le droit de venger sa mémoire ; la réputation de son auteur faisant désormais partie intégrante de la sienne. C'était donc *ex aditione* et non pas *ex nativitate* que l'on pouvait agir ; c'est-à-dire que l'héritier du sang ayant répudié la succession , n'aurait pas eu qualité pour attaquer le diffamateur ; le titre d'enfant ne suffit pas : c'est celui d'héritier qu'il faut avoir : *heredis interest defuncti existimationem purgare.*

---

(1) L. 1, § 4, D., *de Inj. et F. L.*
(2) L. 1, § 6, D., *cod. tit.*
(3) Faustin Hélie. T. 2, p. 676 n° 560.

II. — Influence qu'exerçait en droit romain la vérité du fait allégué en matière de diffamation verbale.

A Athènes, quand le diffamateur avait établi la vérité de l'imputation, aucune peine n'était prononcée contre lui. La calomnie seule constituait un délit : la médisance était tolérée par les lois. Le même principe avait-il inspiré la législation Romaine : en était-il à Rome comme à Athènes ? La question va être posée et résolue pour la loi des XII Tables, le droit Prétorien, le droit de Justinien.

I. *Loi des XII Tables.* — On n'y trouve pas un mot qui puisse servir à la solution de ce problème juridique. En revanche, si l'on s'attache à l'esprit de cette loi, tout fait présumer qu'à cette époque, la vérité du fait allégué n'est pas une excuse. Rien n'est plus significatif que le silence gardé par les *décemvirs* sur la distinction créée par Solon entre la médisance et la calomnie. En effet de deux choses l'une :

1° Ou les rédacteurs de la loi des XII Tables, comme le soutiennent certains historiens, ne sont pas allés en Grèce étudier la loi Athénienne. Dans ce cas, ignorant quelles étaient ses dispositions, ils n'ont pas pu s'en inspirer, et il est arbitraire de prétendre induire de leur silence une distinction que rien n'indique et ne justifie.

2° Ou les *décemvirs* ont au contraire été en Grèce ; dans ce cas ils ont suffisamment montré l'intention d'abandonner la distinction de la loi Athénienne, en se gardant de la reproduire dans la loi des XII Tables. Tout prouve d'ailleurs qu'ils ont voulu s'en éloigner le plus possible. A Athènes le diffamateur n'était puni que d'une amende dérisoire: à Rome, il était condamné à une peine corporelle pouvant entraîner la mort. Il est donc probable que la loi des XII Tables ne distinguait pas entre l'imputation d'un fait vrai et celle d'un fait faux. La peine était appliquée dans le premier cas comme dans le second.

Je citerai à l'appui de cette opinion un texte qui, sans émaner d'un jurisconsulte, n'en a pas moins une grande importance. C'est un poète, c'est Horace qui nous fournit ce document. Il nous raconte une conversation entre lui et le jurisconsulte Trébatius. Interrogé par le poète, Trébatius lui enseigne jusqu'où il peut aller dans ses poèsies : afin que son ignorance des lois sacrées ne lui attire pas quelque mauvaise affaire. Il lui dit :

Si mala condiderit in quem quis carmina jus est
> *Judicium que* (1).

Celui qui aura composé des vers malveillants sur autrui, devra aller devant le magistrat et devant le juge.

Sans doute, répond Horace, si les vers sont malveillants ; mais en sera-t-il de même, si, de l'avis de César, le poète a frappé juste : si, étant homme de bien, il a crié (*latraverit*) contre un homme qui méritait le déshonneur: Voici la réponse de Trébatius :

Solventur risu Tabulæ : tu missus abibis.

Littéralement cela veut dire : les Tables seront brisées

---

(1) Horace, Liv. II. Sat. 1er *in fine.*

par le rire : tu seras renvoyé absous. Horace parle là
bien certainement de la loi des XII Tables : il se sert de
l'expression *condere carmina* que les décemvirs ont
inscrite dans la loi. On peut donc traduire ainsi ce dernier vers : les juges riront et ne croiront pas pouvoir
appliquer la loi des XII Tables.

Ainsi interprété ce texte donne la preuve que cette loi
punissait l'auteur d'une imputation vraie. Ces mots « *solventur risu tabulæ* » sont un argument concluant : ils
font voir que l'acquittement de celui qui avait diffamé
un « *opprobiis dignum* » était contraire à la loi écrite.

Reste maintenant à expliquer comment ce résultat
pouvait se produire. Il est étrange au premier abord
que le juge ose faire si peu de cas de la loi. Cela est en
contradiction avec ce que l'on sait du respect que lui
portaient les jurisconsultes Romains. Voici l'explication
que l'on peut en donner.

II. *Droit Prétorien*. — La loi des XII Tables édictait
des peines très sévères en matière d'injures. Le premier coup lui fut porté par la loi Porcia qui diminua la
gravité de ces peines. Le second coup le fut par
le Droit Prétorien. Chaque préteur, dès son entrée en
fonctions, rendait un édit général où il indiquait de
quelle manière il interpréterait le Droit. Il en résultait
que celui-ci n'était pas immuable ; que ses règles va-
riaient avec la capacité personnelle du préteur et les
nécessités dn moment. Justinien nous apprend que le
Droit Prétorien avait commencé par changer la peine
édictée par la loi des XII Tables. Il en avait mis une au-

tre à sa place qui fut pour cela appelée honoraire : elle était arbitraire, le juge condamnant le coupable *pro ut illi visum fuerit*.

Ainsi, la loi des XII Tables restait debout : le préteur ne l'abrogeait pas, souverain appréciateur de la gravité de l'offense il était en fait le maître de condamner ou d'absoudre. Dans l'exemple cité par Horace, aux termes de la loi, le poëte devait être condamné. Appelé devant le juge, il invoquait la pureté de sa vie (*integer ipse*), celle de ses intentions : celui qu'il avait poursuivi était un coupable *(opprobriis dignum)*. Le juge ne pouvait s'empêcher de trouver que les vers étaient bons : il riait, et usant de son droit si étendu il renvoyait absous l'accusé.

C'était donc pour se justifier que l'on fit, pour la première fois la preuve du fait allégué. C'est aux jurisconsultes qu'il faut attribuer cette transformation de la législation existante. Peut être les préteurs ont-ils fini par consacrer dans leur édit, cet état de choses extrà-légal s'il est permis de parler ainsi. L'on ne peut faire que des conjectures sur ce point : les fragments de l'Édit qui nous sont parvenus ne fournissent en effet aucun argument qui puisse servir à nous éclairer sur ce point.

C'est le jurisconsulte Paul qui posa le principe de la manière suivante dans son commentaire sur le livre 55 de l'Édit (1).

____

(1) L. 18, pr. D., *de Inj. et Fam. Libel.*

« *Eum qui nocentem infamavit, non esse bonum*
» *æquum ob eam rem condemnari, peccata enim no-*
» *centium nota esse, et expedire et oportere.* »

La loi des citations consacra la règle de Paul qui
plus tard fut insérée dans le Digeste par la commission
chargée de composer ce recueil. Sans expliquer pour
le moment le sens précis de ce passage, l'on peut dire
toutefois qu'en principe la vérité du fait allégué empêche toute condamnation d'être prononcée contre le
diffamateur.

Les empereurs chrétiens se sont aussi occupés de
ce point, mais seulement en ce qui concerne le libelle
diffamatoire. Ce n'est donc pas le moment de rappeler
ces textes qui seront étudiés plus tard à propos de la
question spéciale qu'ils soulèvent.

III. *Droit de Justinien.* — C'est l'une des questions
les plus controversées qui existent. Elle n'a pas donné
lieu à moins de treize systèmes (1) et, ce qu'il y a de
plus étrange, c'est que des opinions pour la plupart
inconciliables, s'appuient sur le même texte, la loi *eum
qui nocentem*. En voici la traduction littérale :

« Il n'est ni bon, ni équitable, de condamner quel-
» qu'un pour avoir diffamé un coupable. Il est néces-
» saire et utile que les fautes des coupables soient
» connues. »

Exposer, discuter ces treize systèmes et les réfuter
à l'exception d'un seul serait très long, dangereux

---

(1) Voir *Farinacii opera*. Tome III. *Quæstio C V.*

même au point de vue de la confusion qui pourrait en résulter. Je me bornerai seulement à citer deux de ces opinions.

La première est celle d'un jurisconsulte appelé **Diaz** ; elle consiste à dire que la vérité n'excuse pas le diffamateur. Farinacius, qui rapporte cette opinion, ne cite aucun texte qui l'appuie. Il est d'ailleurs impossible de maintenir sérieusement cette affirmation en présence du texte formel de la loi *eum qui nocentem*.

La deuxième est la plus originale de toutes. Le fait imputé est-il notoire ? Celui qui vous l'a imputé est tenu de l'action d'injures et subira la peine. Quelle en est la raison ? C'est que chacun connaissant le crime en question, la société n'a tiré aucun profit de la diffamation commise. Du moment qu'il n'y a pas profit pour elle il y a délit, car le diffamateur n'a eu qu'un but, celui de nuire à autrui ; son intention est essentiellement malveillante.

S'agit-il au contraire d'un fait inconnu ? Celui qui le révèle n'a rien à craindre ; la société lui doit même de la reconnaissance. Est-il besoin de dire que cette distinction est inadmissible pour cette seule raison qu'elle ne se trouve pas dans la loi ?

Res'ent maintenant deux systèmes, dont chacun a de tout temps été défendu par des partisans dévoués, et combattu par des adversaires acharnés.

Premier système.—Il peut ainsi se formuler : *Veritas convicii non est injuria*. Quand le fait imputé est vrai, il n'y a pas d'injure. C'est un jurisconsulte du XVe

siècle , Pierre Jacobi, qui a le mieux exposé cette doctrine et ses conséquences. Comme l'ouvrage de Jacobi,
intitulé *Practica Aurea* est devenu introuvable, force
m'est de citer d'après M. Grellet Dumazeau :

« Il faut remarquer, dit-il, que si un particulier en
» appelle un autre *filium meretricis*, et que cela soit
» vrai, il n'y a pas lieu à l'action d'injures ; ainsi le
» veut la loi *cum qui nocentem*. La vérité est une excuse
» lors même que le propos aurait été tenu avec l'in
» tention de nuire ; en effet, l'individu réputé injurié
» ne se trouve pas dans des conditions propres à don
» ner matière à l'injure, car s'il est réellement *filius*
» *meretricis* , de quoi se plaindrait-il ! (1) Il est dans la
» position de l'homme que quelqu'un appelle son
» débiteur dans le but de mettre à découvert sa pau
» vreté ; si cet homme n'est pas débiteur, il y a injure;
» s'il l'est réellement, il n'y a pas injure (2). »

Jacobi décidait de même lorsqu'on appelait quelqu'un
mari trompé. Les jurisconsultes ses contemporains lui
avaient fait observer qu'il ne pouvait en être ainsi ,
l'intérêt public n'exigeant pas de révélations de ce
genre. Il leur avait, il est vrai, répondu : « Je dis que la
» loi n'exige pas absolument que la chose publique ait
» intérêt à connaître le fait. » C'est précisément ce

---

(1) Loi 15, p 33 *de Inj. et* Fam. *Libel.*

(2) Grellet-Dumazeau.—Traité de la Diffamation, de l'Injure
et de l'Outrage. Cet auteur a spécialement étudié cette question ; plus d'un emprunt a été fait à son remarquable travail.

qu'il lui aurait fallu établir un peu plus solidement que par une simple affirmation.

Second système. — La preuve du fait diffamatoire peut faire absoudre l'accusé mais à deux conditions : il faut que le fait constitue un *peccatum* , et qu'il ait été commis par un *nocens.*

Ce système s'appuie donc sur la loi 18 D., *de Inj. et F. L.* ; il s'attache à la lettre des expression employées par le jurisconsulte Paul. Que nous dit celui-ci ? Il n'est ni bon, ni équitable de condamner celui qui a diffamé un coupable « *nocentem.* » Quelle en est la raison ? C'est qu'il est utile et nécessaire de connaître les fautes, les « *peccata nocentium.* » Le jurisconsulte répète ce mot ; il insiste donc sur cette idée de culpabilité. Le premier système ne tient aucun compte de ces termes, et cependant la règle élémentaire pour toute interprétation d'un texte est de le traduire littéralement. Jacobi se préoccupait fort peu de cette exactitude scrupuleuse qui est un devoir, et c'est ainsi qu'il arrivait à ces solutions extrêmes réprouvées par tous les auteurs de son temps.

En résumé, le système qui a été probablement celui de la législation Romaine , consistait à ne pas voir de diffamation dans la révélation des «*peccata nocentium.*» L'intérêt public étant le mobile du défendeur à l'action d'injures , il ne serait ni bon, ni équitable de le condamner.

Que s', au contraire, ainsi que le faisait Jacobi, « on » fait disparaître le coupable, et par suite l'utilité de

» signaler le délit, la règle de Paul est complètement
» dénaturée, ou plutôt il n'en reste rien (1). »

Aussi le second système triompha-t-il contre celui de
Jacobi La question finit même par n'être plus discutée. Dans son recueil de Controverses, Fachineus, parle
de celle-ci au passé « *Maxima fuit olim controversia* (2). Je ne citerai à l'appui de cette doctrine que
Cujas (3). Il dit en parlant de notre loi : n'est pas tenu
de l'action d'injures celui qui diffame un coupable ;
celui qui appelle un voleur, un voleur, parce que il est
nécessaire et utile que les *peccata nocentium* soient
connus.

Mais si l'accord existait sur ce point , la controverse
avait malheureusement recommencé sur un autre plus
délicat que lui. Les amateurs de discussion ne per-
daient donc rien, bien au contraire.

Ce qui avait donné lieu à la difficulté c'était le sens
exact des expressions employées par Paul. Que fallait-
il entendre au juste, par *peccata nocentium ?* Sur ce
point il y avait presque autant de systèmes que de commentateurs : *tot capita, tot sensus.*

Les uns exigeaient que le fait pût motiver une poursuite criminelle, et qu'il fût punissable. S'il ne réunis-
sait pas ces deux caractères il y avait diffamation ,
partant peine prononcée, quand même il eût été vrai.
Ce système est attribué à Bellapert (4).

---

(1) Grellet-Dumazeau, *loco citato.*
(2) Fachineus —*Controversiæ juris.* lib IX. cap X, p 73?
(3) Cujas, T. V. c 741. A,
(4) Farinacius.—*Quæst.* C V. n° 225

Les autres n'étaient pas aussi rigoureux. Ils examinaient uniquement si la société avait intérêt à la révélation du fait. Dans ce cas pas de peine prononcée contre le défendeur. C'est ainsi que Cynus et Bartole proclament innocent celui qui avait dit et prouvé qu'un tel était lépreux, bâtard ou infâme. Il est, disent-ils, de l'intérêt public, que les *spurii* soient connus, pour les empêcher d'arriver aux honneurs ; et les lépreux afin d'arrêter la contagion. A l'inverse, sera coupable celui qui reprochera à quelqu'un d'être pauvre, boîteux, aveugle ; la société ne tire en effet aucun profit de pareilles imputations.

Enfin d'autres interprétaient ces mots d'une autre manière. Imputez-vous à quelqu'un un fait honteux qui provient de sa faute : la vérité de l'allégation vous sauvera de la condamnation ? Le fait en question ne dépendait-il pas de la personne diffamée, vous subirez, la peine portée par la loi, nonobstant la preuve ?

Chacun de ces systèmes, dont le principe est le même, propose une distinction qui n'est pas dans la loi. Je crois donc qu'aucun d'eux n'a été admis en Droit Romain. Ce qui paraît le plus probable, étant connu l'esprit de cette législation en ce qui concerne les injures, c'est qu'ici encore le magistrat et le juge avaient un pouvoir discrétionnaire. C'était sans doute à eux de décider si les conditions de la loi 18 étaient réunies : de voir : si l'intérêt public devait faire disparaître la diffamation ; c'était à eux d'examiner si le diffamé était un *nocens*, si le fait à lui reproché constituait un *peccatum*.

Encore une fois, cela cadre bien avec les lois sur les injures. Lorsque celles-ci étaient atroces c'était au préteur d'en apprécier la gravité et d'évaluer à son gré le chiffre de la condamnation : dans les cas ordinaires c'était au juge. Ce pouvoir ne devait pas être le seul ; et sans doute ils appréciaient la criminalité du fait , comme ils évaluaient la condamnation elle - même. C'était à eux de décider si l'intérêt public était l'excuse du diffamateur ; si oui ou non *bonum et æquum erat ob eam rem cum condemnare.*

On (1) a prétendu qu'un rescrit de Dioclétien et de Maximien, inséré plus tard dans le Code de Justinien était venu ajouter une condition de plus à celle de la loi *eum qui nocentem.* Pour qu'il n'y ait pas diffamation la preuve de l'imputation ne suffira plus, il faudra encore chez son auteur l'absence de l'*animus.*

Est-ce que ce système qui aboutit à la négation de la règle *veritas convicii excusat* a été admis en Droit Romain ?

Voici le texte de cette constitution fameuse qui forme au Code la loi 5 *de Injuriis.*

« *Si non convicii consilio te aliquid injuriosum dixis-*
» *se probare potes: fides veri a calumniâ te defendit. Sin*
» *autem in rixam inconsulto calore prolapsus homicidi*
» *convicium objecisti, et ex eo die annus excessit: cum*
» *injuriarum actio annuo tempore præscripta sit , ob*
» *injuriæ admissum conveniri non potes.* »

---

(1) Perezius, *prælectiones in Codicem*, p. 206, n° 5. — Escbach , cité par M. Grellet-Dumazeau, Menochius, etc.

Ceux qui veulent joindre à la vérité du fait allégué l'absence d'*animus injuriandi* donnent de ce texte la traduction suivante :

Si tu peux prouver que le propos diffamatoire a été par toi tenu sans esprit d'injure la preuve de la vérité du fait imputé te met à l'abri de l'action en calomnie. Mais si , entraîné dans une rixe par une colère irréfléchie, tu as imputé un meurtre à quelqu'un, et qu'une année se soit écoulée depuis lors , l'action d'injures se prescrivant par un an tu ne peux plus être attaqué de ce chef.

Ainsi, disent les partisans de ce premier système : il faut deux choses pour échapper aux suites de l'action d'injures.

1° La vérité du fait imputé doit être établie ; 2° L'absence de l'*animus injuriandi* doit l'être aussi.

En effet, les mots *fides veri* signifient bien : la vérité du fait imputé. Ce qui le prouve, c'est que la loi unique au Code *de Fam. Lib.* (personne ne le conteste) les emploie en ce sens. D'ailleurs c'est le seul qui soit ici acceptable ; il est commandé par les mots qui suivent : *a calumniâ te defendit. Calumnia* désigne le délit qui consiste à imputer un fait faux à autrui. S'il en est ainsi , les mots *fides veri* doivent y répondre , et il est impossible de les traduire autrement que par la vérité du fait imputé.

En faveur de la même opinion, on argumente de la constitution *si quando famosi libelli* qui forme au Code Théodosien la Constit. 1re de *Famosis Libellis*. L'empereur Constantin y déclare de la manière la plus formelle que l'auteur d'un libelle diffamatoire sera puni de mort, malgré la preuve de la vérité de ses imputations.

Dans la Constitution *si non convicii*, Dioclétien n'aurait fait , dit on, que devancer Constantin en créant pour la diffamation verbale la règle que celui-ci créera plus tard pour les libelles diffamatoires. « En agissant » ainsi, dit M. Eschbach, Dioclétien a ressenti l'in- » fluence des idées chrétiennes auxquelles Constantin » obéit quelques années après. » Pour que cette asser· tion ne se heurte pas aux souvenirs de persécution religieuse que réveille le nom de Dioclétien , cet auteur rapproche ces deux dates : celle du rescrit ; celle de la persécution contre les chrétiens. Le rescrit est de l'an 290 ; la persécution n'a commencé qu'en 303. Or, pendant les premières années de son règne , Dioclétien s'était entouré de chrétiens , il les favorisait même tout particulièrement. Ils occupaient les premières charges, ce qui explique l'influence du christianisme sur la législation, avant qu'il fût devenu la religion de l'Etat.

Second système. — La loi *cum qui nocentem* n'a pas été modifiée par la Constitution *si non convicii*.

Les arguments sur lesquels on prétend fonder la première opinion ne sont rien moins que concluants. A la traduction donnée par ses partisans , j'en opposerai une autre qui est préférable. « Si tu peux prouver que » le propos diffamatoire par toi tenu l'a été sans esprit » d'injure ; cette preuve te protège contre l'action en » calomnie. »

Comme l'a très bien fait remarquer M. Grellet-

Dumazeau, le mot *calumnia* n'est pas à sa place ; il n'est pas plus exact dans la première traduction que dans celle-ci. Les Romains entendaient par *calumnia* l'accusation en justice d'un crime qui n'avait pas été commis. De quoi s'agit-il ici ? D'un simple *convicium*, d'un délit de la parole. Le mot *calumnia* est donc impropre. Cette confusion tient probablement à ce que ce rescrit de Dioclétien a été rédigé en langue Grecque, et qu'il a été ensuite traduit en latin d'une manière inexacte. Le texte des Basiliques emploie le mot συχοφαντια, qui désigne tout à la fois la calomnie et l'injure. Le traducteur aura cru qu'il s'agissait seulement de la première, partant que *calumnia* était le meilleur équivalent pour rendre cette pensée.

Quant à cette expression *fides veri*, elle ne signifie pas davantage la vérité du fait allégué. Le sens le plus rationnel est celui-ci : la foi due à la vérité. En rattachant ce membre de phrase à celui qui précède, l'on arrive forcément à la seconde des traductions : la foi due à la vérité par toi établie que tu n'avais pas l'*animus injuriandi*.

Quant à la constitution de Constantin, qui proclame la règle *veritas convicii non excusat*, elle est spéciale au libelle diffamatoire. C'était là un délit tout particulier, auquel les Romains attachaient une gravité exceptionnelle. On ne peut donc raisonner de la diffamation écrite, qui a un caractère permanent, à la diffamation verbale, qui est fugitive. La législation qui régissait la première pouvait très bien ne pas régir la seconde.

7.

Enfin cette constitution première n'a pas été insérée dans le Code de Justinien.

On dit aussi, dans le premier système, que Dioclétien a été le précurseur de Constantin en ce qui concerne la répression de la diffamation, et que la loi 5 au Code, a fait pour les paroles, ce que la Constitution *si quando famosi libelli* fera plus tard pour les écrits. Il serait bien étrange que l'on eût suivi cette voie, et déployé d'abord plus de sévérité contre la diffamation verbale, que contre le libelle. L'esprit des lois Romaines est contraire à cette affirmation.

Dire que Dioclétien a été inspiré par les idées chrétiennes en agissant ainsi, ou que celles-ci ont influé sur ses ministres n'est pas une preuve. Cela expliquerait leur conduite, s'il était certain qu'ils eussent proclamé la règle *veritas convicii non excusat*. C'est plutôt la certitude contraire qui existe quand on voit Valentinien, un empereur chrétien cependant, promettre honneur et récompense à l'auteur du libelle, qui spontanément aura fait la preuve de ses imputations.

On invoque enfin en ce sens un argument de textes La loi 5 au Code prévoit la même hypothèse que la loi *Eum qui nocentem*. Le crime que Victorinus a reproché à son adversaire est un assassinat ; il est donc utile à la société d'en connaître l'auteur. Dioclétien décide cependant que deux conditions sont nécessaires pour l'absolution du coupable. Il faut :

1° Qu'il ait agi sans esprit d'injure ;

2° Qu'il fasse la preuve de l'assassinat.

Donc, dit-on, la loi *eum qui nocentem* est complétée

par le rescrit. Si le texte de Paul était encore en
vigueur, Dioclétien aurait dit à Victorinus qu'il suffisait
de prouver la vérité de son allégation.

Mais l'on peut très bien interpréter la loi 5 *si non
convicii* sans pour cela trouver une antinomie de plus
entre les textes du Droit Justinien. Il y en a déjà assez,
pour ne pas en créer à plaisir. Il n'est rien moins que
prouvé que le diffamateur Victorinus ait été en mesure d'invoquer le principe de la loi *eum qui nocentem*. Le diffamé n'était sans doute pas coupab'e de
l'assassinat qu'on lui imputait, ou bien avait il déjà été
puni, gracié ou libéré. Dans cette dernière hypothèse
le diffamateur ne pouvait pas invoquer l'intérêt public
comme excuse, ni la vérité du fait imputé. Le seul
moyen d'échapper à la condamnation était de prouver
qu'il n'avait pas eu l'*animus injuriandi*. Il n'y aurait
alors aucune contradiction entre le texte de Paul et le
rescrit de Dioclétien, puisque tous deux s'appliqueraient
à des espèces différentes (1).

Mais il ne suffit pas d'avoir réfuté cette doctrine, il
reste encore à établir la nôtre par voie d'argumentation
positive.

Non, Dioclétien n'a pas formulé la règle *veritas
convicii non excusat*. Exiger outre la vérité du fait
imputé, l'absence d'*animus injuriandi*, c'eût été ne
tenir aucun compte des principes les plus élémentaires
en matière d'injures. L'absence d'*animus* rend la pre-

---

(1) Fachineus. Lib. IX. Cap. X, p 733

mière condition complètement superflue. Du moment qu'une personne n'a pas l'esprit d'injure, elle ne commet pas de délit. Ce principe est formulé au Digeste, à mainte reprise, de la manière la plus formelle : *injuria ex affectu consistit.* Paul, l'auteur de la loi *eum qui nocentem* n'est pas moins affirmatif ; il pose la même règle en tête de son titre *de Injuriis* dans son livre de Sentences.

Il est donc certain que dans la loi 18, celui qui a diffamé un coupable dans l'intérêt public a eu l'*animus injuriandi*. Sans cela il n'y aurait même pas de question puisque, comme le dit très bien Fachineus : « *Si desit injuriandi animus, etiam cessante ratione* » *publicæ utilitatis, non est locus injuriarum actioni.* »

Si nous jetons maintenant un coup d'œil en arrière pour embrasser à la fois toutes les dispositions du Droit Romain sur ce point, nous verrons :

1° Que si la loi des XII Tables gardait le silence sur l'admissibilité de la preuve, c'est que selon toute probabilité elle était défendue *Veritas convicii non excusabat.*

2° Que le Droit Prétorien, sans autoriser d'une manière formelle la preuve du fait diffamatoire, la toléra cependant dans la pratique. Ce que l'on sait des pouvoirs discrétionnaires conférés ici au magistrat et au juge, confirme cette opinion.

3° Que le jurisconsulte Paul formula la règle *veritas convicii excusat*, lorsqu'il s'agissait d'un *peccatum* commis par un *nocens*. L'intérêt public s'opposait à la condamnation du diffamateur.

4° Que le texte de Paul a été inséré au Digeste. La constitution *si non convicii* n'a rien changé à la législation antérieure. Elle s'est bornée à dire à nouveau, que sans esprit d'injure, il n'y avait pas de diffamation. Comme le dit M. Grellet-Dumazeau, « cette raison de » décider se puise dans un principe qui domine toutes » les législations criminelles : point de délit sans inten- » tion de nuire (1) »

____

(1) Grellet-Dumazeau *Loc. cit.*

CHAPITRE II.

DES DÉLITS DE L'ÉCRITURE OU DE L'INJURE QUÆ SCRIPTIS FIT.

L'injure écrite a de tout temps été considérée par les Romains comme ayant une gravité particulière. Une disposition très-sévère de la loi des XII Tables punissoit celui qui « *carmen condiderit quod infamiam* » *faxit flagitium ve alteri.* » On le faisait périr sous le bâton : « *fuste ferito.* »

Dans le Digeste le même titre traite des injures et des libelles diffamatoires : c'est le nom spécial que prend l'injure écrite. Au Code, la distinction est encore plus tranchée entre l'injure réelle et verbale, et d'autre part celle qui se commet par l'écriture. Le titre XXXV du livre IX est consacré aux injures en général, moins le libelle diffamatoire dont il est traité dans un titre séparé ; le titre XXXVI°.

Ce genre de délit est donc régi par une législation spéciale. Pourquoi en est-il ainsi ? C'est que, il est beaucoup plus dangereux que le délit de la parole. « *Voces* » *enim facilè obliviscimur, at littera scripta manet, et* » *per manus multorum longè latè que vagatur, et tam-* » *diu subsistit infamia, quamdiu memoria rema-* » *net* (1). » Les paroles ont quelque chose de moins

____

(1) Perezius. *Prælectiones in Codicem* L, IX. T. XXXVI, nᵒ 1.

permanent que les écrits : *verba volant, scripta manent.*
De plus, celui qui profère publiquement un *convicium,*
ne peut pas échapper au châtiment , il y aura toujours
quelqu'un pour le reconnaître. L'auteur d'un libelle
est moins exposé ; s'il ne le signe pas , qui saura qu'il
est coupable ? Aussi verrons nous plus tard, en étudiant
la peine que ce délit fait encourir , quelle est l'importance de cette distinction entre les injures verbales et
écrites au point de vue de leur gravité respective.

SECTION Ire.

Qu'appelle-t-on libelle diffamatoire ?

Le mot *libellus* est un diminutif de *liber* ; il signifie
petit livre. C'est que sans doute , les compositions de
cette nature n'étaient pas très volumineuses. Les livres
coûtaient fort cher à Rome, où il fallait les faire écrire
par des esclaves ayant une certaine instruction. L'étendue du libelle aurait nui à sa circulation rapide ; les
exemplaires devant naturellement u être moins nombreux.

Il ne faudrait pas tirer de ces mots *libellus, liber,* la
conclusion que le livre et le libelle étaient les seules
formes que pouvait revêtir le délit de l'écriture. Il se
commettait en effet, non seulement dans un livre, une
comédie, un poème, une chanson, mais encore de plusieurs autres manières.

Un tableau, une statue, un dessin d'où pouvait ré-

sulter une atteinte à la considération d'autrui , entraî-
naient pour leurs auteurs la peine du libelle. La
pensée se manifeste par là tout aussi clairement que
l'écriture : la peinture par exemple parle aux yeux et à
l'esprit autant que les mots : et pour employer l'ex
pression de Cicéron : « *picturâ tacitum poëma fit.* »
Julius Clarus va jusqu'à dire que tout signe, tout em-
blème destiné à diminuer la considération de quelqu'un
constituera le délit en question : il cite comme exemple
le fait de « *foribus alicujus cornua affigere.* » C'est
d'ailleurs ce qui paraît résulter de la loi 5 § 10 D.
de Inj. et F. L. : elle déclare coupable celui qui
« *inscriptiones aliud ve quid sine scripturâ in notam*
» *aliquorum produxerit.* » On voit donc que l'écriture
n'est pas une condition essentielle pour qu'il y ait libelle. Les Constitutions impériales ordonnaient d'enlever ces inscriptions, ces emblèmes lorsqu'ils étaient
affichés sur des monuments publics : « *ea quæ infa-*
» *mandi alterius causâ in monumenta publica posita*
» *sunt, tolli de medio* (1).

Voici donc la définition qu'on peut donner des *libelli*:
c'est toute composition , tout travail dont le but est
d'enlever à quelqu'un la considération dont il jouit ou
de la diminuer. Peu importe que cette composition
soit l'œuvre de l'écriture, de la peinture ou de la sculpture, elle sera assimilée au libelle dans tous les cas ,
pourvu qu'elle soit rendue publique, ou qu'elle soit
dans un endroit où tout le monde la pourra voir.

---

(1) L. 37 D. *de Inj. et F. L.*

SECTION II.

Quels sont les éléments constitutifs du libelle diffamatoire?

1° Il faut que la composition incrimée ait été faite *in notam alicujus*. Comme le dit très bien Doneau (1) il y aura libelle « *quum scripto eadem probra ingeren-* » *tur, quæ si, objicerentur verbis, convitium haberent.*» La nature de l'imputation ne varie pas : ce qui change, c'est la manière de la produire au grand jour. L'instrument est ici l'écriture : tout à l'heure c'était la parole.

Quelques commentateurs ont soutenu qu'il y avait injure verbale dans tous les cas où le nom de l'auteur était connu. La diffamation par écrit n'aurait lieu que dans un libelle anonyme. L'intérêt de la question est considérable, car la peine de l'injure verbale est de beaucoup moins rigoureuse.

Voët a réfuté cette opinion. Qu'importe , dit-il avec raison, que l'écrit contienne ou ne contienne pas le nom de son auteur ? Ce n'est pas cela qui lui donnera ou lui ôtera les caractères du libelle. Ceux-ci résultent des imputations qui y sont contenues. Ce qu'il faut examiner c'est leur nature : est-elle diffamatoire ou ne l'est elle pas, voilà le seul point dont on doit se préoccuper ? La loi 5, § 9. D. *de Inj. et F. L.* en fournit une

---

(1) Hugonis-Donelli. *Com de J. C.* L XV, C. XXV.

preuve évidente. Sera *intestabilis*, dit ce texte, celui-là même qui aura publié un libelle sous le nom d'un au-tre ou sans nom d'auteur. De ce mot « même » il résulte qu'il y a libelle diffamatoire dans le cas où l'auteur n'a pas gardé l'anonyme, *si modo ad infamiam alicujus liber scriptus sit.*

2º Que la victime du délit soit une *persona certa.* Il n'est pas nécessaire que le nom de la personne diffamée soit dans le libelle. Il suffit qu'elle soit désignée de manière à ce que ceux à l'estime de qui elle tient puissent la reconnaître. Mais faut-il qu'elle soit une *persona certa* comme au cas de *convicium ?* Y aura-t-il délit même dans le cas où l'on ne pourra pas deviner qui est l'individu diffamé dans le libelle ? Chacun de ces systè-mes à ses adhérents.

1er SYSTÈME — En matière de diffamation écrite, le le sujet passif du délit ne doit pas être une *persona certa.*

La règle en question est spéciale au *convicium* : le diffamateur sera donc puni : « *etiam si libellus in vago » tantùm conceptus sit, sic ut certa persona eo neque » directo, neque per circuitum ac tacitè, designetur, » quœ lœdatur* (1). »

C'est l'opinion de Voët, qui depuis a été reproduite par M. de Portalis dans un rapport au Conseil des An-ciens. « A Rome, disait-il, l'horreur des libelles était » telle que par un décret solennel du Sénat, il y avait

____

(1) Voët *loco citato.*

» action publique contre les libellistes, quand faute de
» désignation précise, on ignorait qui était l'offensé ,
» et que, par conséquent , aucun citoyen ne pouvait
» exercer une action particulière. »

Le second argument en faveur de ce système est donc
tiré de l'horreur que les Romains avaient manifestée
plus d'une fois pour ce genre de délit.

2ᵉ SYSTÈME. — Il faut que le sujet passif du délit soit
une *persona certa ;* que la désignation soit de nature à
rendre reconnaissable celui qui est diffamé.

En effet un délit ne peut exister sans qu'il y ait une
personne lésée par lui. Le premier système doit donc
établir par des textes , qu'il y a sur ce point une dérogation en ce qui concerne le libelle diffamatoire. Il ne
suffit pas d'invoquer comme argument la gravité exceptionnelle du délit : cela expliquerait bien la règle ,
mais n'en démontre pas l'existence. Or le texte cité par
Voët, le texte auquel fait allusion M. de Portalis, est au
contraire en notre faveur. Il est ainsi conçu : ce sénatus-consulte est nécesssaire quand le nom du diffamé
ne se trouve pas dans l'écrit. Quelle en était la raison ?
Etait-ce, comme le dit M. de Portalis , que faute de désignation précise, on ignorait qui était l'offensé ? Non
certes, il n'est point question de cela , et, l'absence du
nom peut très bien n'être pas un obstacle à la désignation précise du diffamé? D'ailleurs le texte lui-même
nous explique l'utilité de ce sénatus consulte : « *tunc*
» *enim , quia difficilis probatio est , voluit senatus ,*
» *publicâ quœstione rem vindicari.* » Dans le premier
système ce n'est pas le mot *difficilis* qu'il faudrait :

c'est le mot *impossibilis*. Si l'incertitude la plus grande existe sur l'individualité de celui auquel dans la pensée du diffamateur s'adressait l'offense, le mot *difficilis* ne se comprend pas Personne dans ce cas ne pourra jamais établir qu'il est le sujet passif du délit.

Ainsi , entre le *convicium* et la diffamation écrite , il n'y a qu'une différence. Au cas d'injure écrite, pour assurer plus efficacement la répression du délit, un *publicum judicium* peut être intenté par tout citoyen Romain. Rien de semblable n'existait pour l'injure verbale.

3° Il faut que le libelliste ait eu l'*animus injuriandi* : s'il est *amens où furiosus, affectu doli, et captu contumeliæ caret*. Il n'est pas responsable.

4° Il faut que l'écrit soit répandu dans le public ou déposé dans un lieu où il soit facile de le trouver (1).

Il ne peut y avoir délit tant que l'on ne s'est pas efforcé de communiquer aux autres le mépris que l'on a pour une personne. La pensée devient coupable sitôt qu'elle se manifeste au dehors : elle était jusque-là irréprochable. Aussi ne sont pas seulement punis ceux qui écrivent, composent, publient un libelle, mais de plus :

1° Ceux qui l'achètent ou le vendent.

2° Ceux qui l'ayant trouvé, *vim ejus manifestaverunt* au lieu de le déchirer ou de le brûler. Ils en sont en effet présumés les auteurs.

3° Lorsqu'il s'agit d'un *psalterium*, c'est-à-dire d'une

---

(1) Farinacius. *Qæest.* C VI. T. III.

chanson diffamatoire , est assimilé à celui qui l'a com-
posée l'individu qui la chante Une chanson s'apprend
et se retient facilement : on cause donc autant de mal
en la disant qu'en l'écrivant, poür la répandre ensuite
dans le public.

Quant aux complices, qui *dolo malo fecerunt quo quid
eorum fieret* : ils ne sont pas oubliés : la peine est aussi
sévère contre eux que contre le libelliste lui-même.
L'intention étant aussi coupable, le dommage causé à la
réputation étant le même : il n'est pas étonnant que le
châtiment soit identique.

SECTION III.

De la répression des délits de l'écriture.

Il ne s'agit ici que des règles spéciales aux délits
de l'écriture ; les principes généraux applicables en
matière d'injures sont ici en vigueur, en ce qui touche
le point de savoir :

1° Qui a le droit de demander la répression ;

2° Contre qui on peut la demander.

Ce qui reste à étudier d'une manière particulière, ce
sont les actions données contre les auteurs de libelles
diffamatoires, et les peines qu'elles font encourir.

I. *Loi des XII Tables.* — Elle donnait une action
contre celui qui *carmen condissit quod infamiam faxit
flagitium ve alteri* Comme le dit Cujas, ces deux mots

mots étaient synonymes , ils signifiaient déshonneur.
Etait donc puni tout écrit dont le but était d'attaquer
la considération d'autrui. Cette action *legitima* édictait
une sanction très sévère contre toute infraction à la
loi. C'était le supplice des verges, qui entraînait souvent la mort du condamné. Cicéron (1), semble même
nous dire que la bastonnade était toujours donnée
jusqu'à ce que la mort s'ensuivît. « *Nostræ autem*
» *XII Tabulæ quum perpaucas res capite sanxissent,*
» *in his quoque sanciendam putaverunt, si quis occen*
» *tavisset, sive carmen condidisset quod infamiam fa-*
» *ceret flagitium ve alteri.*» Cicéron est d'ailleurs grand
admirateur de cette loi , « la vie des citoyens ne devant
» pas être livrée à l'imagination des poëtes. »

Si les décemvirs ont été chercher presque toutes
leurs lois en Grêce , ils n'y ont certainement pas pris
celle ci. Leur sévérité est aussi excessive que l'indulgence du législateur Grec était grande. La raison de
cette différence est facile à trouver. Athènes était une
République démocratique ; Rome une République
aristocratique. Aussi toutes les lois de la première ne
convenaient elles pas à la seconde, d'autant plus que
les rédacteurs de la loi des XII Tables étaient en majorité patriciens. J'invoquerai en ce sens l'autorité de
Montesquieu (2). Voici comment il parle de la loi frappant de mort le libelliste : « Elle n'est pas de l'esprit

---

(1) *De Republicâ.* Lib. IV.

(2) Esprit des Lois, L VI, C. XV. Des Lois Romaines à l'égard
des peines.

» de la République où le peuple aime à voir les grands
» humiliés. » Xénophon avait déjà fait cette remarque
en ce qui concernait le peuple Athénien , qu'il devait
connaître mieux que tout autre, étant lui-même
Athénien.

Ailleurs, Montesquieu dit encore :

« Dans la démocratie , on n'empêche pas les écrits
» satiriques. Comme ils sont ordinairement composés
» contre des gens puissants , ils flattent la malignité
» du peuple qui gouverne...

« L'aristocratie est le gouvernement qui proscrit le
» plus les ouvrages satiriques : aussi les décemvirs qui
» formaient une aristocratie punirent-ils de mort les
» écrits satiriques (1). »

Cette peine dut tomber en désuétude dès que la loi
Porcia eut défendu en général de faire frapper de
verges un citoyen Romain. Cette loi fut portée en l'an
454 de la fondation de Rome : *Porcia tamen lex sola
pro tergo civium lata videtur, quod gravi pœnâ si quis
verberâsset, necâsset ve civem Romanum sanxit* (2).

Sous Auguste , le libelle dirigé contre un simple
particulier tomba sous le coup de la *lex Julia Majestatis*. Ce n'est là sans doute qu'une exception introduite
par le bon plaisir du maître.

II. *Action Prétorienne.* — C'était en effet l'action
Prétorienne qui avait supplanté l'action « *legitima* »

---

(1) Esprit des Lois. L., XII, C. XIII Des Écrits.
(2) Tite Live. Hist. R. L. X, C. IX.

donnée par la loi des XII Tables. Le préteur avait écrit en tête de son édit : *ne quid infamandi causâ fiat*. Or, au nombre des choses *quæ ad infamiam alicujus fiebant*, Ulpien nous énumère les faits suivants : « *si car-* » *men conscribat, vel proponat, vel cantet aliquod* » *quod pudorem alicujus lædat* (1). » Etaient donc poursuivis l'auteur d'un libelle et son complice. Le préteur donnait même la formule d'action, *cognitâ causâ*, lorsque la victime du délit était un esclave. Dans la connaissance de cause, il devait tenir compte *tam injuriæ quæ admissa dicitur quam personæ servi in quem admissa dicitur* (2). Il examinait quelles étaient les fonctions de l'esclave, s'il était intendant, précepteur ; s'il était mal noté, toujours aux fers ou de la dernière qualité. *Et sic aut permittet aut dabit actionem.* Dans ce dernier cas, l'action était intentée par le maître *servi nomine*. Lorsque l'injure, au lieu d'être écrite était verbale, l'offense n'ayant pas une gravité suffisante, le préteur ne donnait pas l'action *nomine servi* (3).

Dans l'action prétorienne, c'est le juge qui apprécie d'une manière souveraine la nature du délit, et lui proportionne la peine. *Congruentis pænæ supplicio vindicatur*, dit Paul dans ses Sentences ; l'Edit du Préteur portait ces mots : « Si quelqu'un contrevient à ces prohibitions, je punirai en raison de l'injure faite (4).

----

(1) L 15, § 27, D., *de Inj* et *F. L*
(2) L. 15, § 44, D., *de Inj.* et *F L*
(3) *Ibidem*.
(4) L. 15, § 25, D., *de Inj.* et *F. L.*

On voit donc qu'ici encore le juge avait un pouvoir trés étendu , et que la gravité du délit, la qualité de la personne diffamée, celle du libelliste, exerçaient une influence considérable sur la rigueur plus ou moins grande de la peine.

III. *Droit de Justinien.*—*Digeste.*— Sous Justinien, toute injure, quelle qu'elle soit, donne lieu à deux actions.

1º L'action civile. — Ces mots désignent ici l'action prétorienne ; les règles données plus haut étant encore en vigueur, point n'est besoin d'y revenir.

2º L'action criminelle.— La poursuite avait lieu suivant les cas *extra ordinem*, ou par un *judicium publicum*.

. POURSUITE EXTRA ORDINEM,

C'était la règle générale. On obtenait par cette voie l'application de peines bien plus rigoureuses contre le libelliste. Il pouvait être condamné à la rélégation dans une île. Le mot *usque* indique que c'était là le maximum de la peine : *usque ad relegationem insulæ* (1). C'était d'ailleurs le juge qui déterminait la mesure du châtiment : pour cela il tenait compte du rang qu'avait la personne injuriée , de l'atteinte portée à son honneur : « *eo acrius vindicatur , si personæ dignitas ab* » *hâc injuriâ defendenda sit* (2). »

Quelle est ici la durée de la prescription ? Quelques

---

(1) Paul Sent. L. V. T. IV, § 17.
(2) Paul. *Loc. cit.* § 16.　　　　　　　　8.

auteurs (1), Fachineus entre autres, ont soutenu qu'elle était d'un an, comme pour l'injure verbale. Je crois au contraire qu'il falluit ici 20 ans comme pour presque toutes les actions criminelles. La loi 5 au Code *de Inj.* est spéciale à la diffamation verbale, on ne peut donc en tirer argument en ce qui concerne le libelle diffamatoire. De plus la durée plus longue de la prescription cadre parfaitement avec le but que voulait atteindre le législateur. C'était d'empêcher par une répression sévère, inexorable même, le retour fréquent d'un délit qu'il avait en horreur : c'était d'intimider ceux qui seraient tentés de le commettre. Cette règle s'applique aussi au *judicium publicum.*

JUDICIUM PUBLICUM.

§ I.— *Pourquoi avait-il été introduit dans la législation Romaine sur les libelles diffamatoires ?*

Est-ce que la poursuite *extra ordinem* ne suffisait pas à les réprimer ? Non, dans le cas où le nom de la personne diffamée ne se trouvait pas dans le libelle. La crainte du scandale, la difficulté de prouver que l'on était victime du délit, auraient souvent empêché le diffamé d'agir, et procuré l'impunité au coupable. Pour qu'il n'en fût pas ainsi l'on avait créé le *judicium publicum* qui pouvait être intenté par le premier venu.

---

(1) Fachineus, *loc. cit.* p. 732. C. 1.

L'on n'avait à prouver qu'une chose : c'est que l'auteur de l'écrit incriminé avait voulu diffamer quelqu'un : celui qui intentait le *judicium publicum* n'avait pas à établir quelle était la personne diffamée (1).

Il ne faudrait pas croire qu'on eût par là retiré à celle-ci le droit d'intenter l'action privée. Libre à elle de ne pas reculer devant les difficultés de la preuve : seulement cela méritait réflexion , car l'on punissait *extra ordinem* celui qui intentait l'action d'injures par esprit de chicane (2). Celui qui avait été désigné dans un libelle autrement que par son nom avait donc à choisir entre deux partis :

Ou rester tranquille , dans ce cas le délit n'était pas impuni, il y avait une *publica quæstio* contre le diffamateur.

Ou bien , *agere privato judicio quo publico judicio præjudicatur quia ad privatam causam pertinet* (3). Seulement si l'on a déjà poursuivi par l'action publique on ne peut revenir à l'action privée et réciproquement. C'est la conséquence de ce que le cumul d'actions n'est pas permis : *neque enim bis vindicatur.*

Ainsi, le sénatus-consulte qui a créé le *judicium publicum* était nécessaire dans le cas où le diffamé n'avait pas été désigné par son nom. L'action privée n'eût pas été sans doute intentée dans ce cas, *quum difficil s esset probatio.* Cette difficulté disparaissait avec la *publica*

---

(1) Pothier. *Pandectæ Justinianeæ.*
(2) Paul Sent. L. V. T. IV. § 11.
(3) L. 6. D. *de Inj. et Fam. Lib.*

quæstio. De plus , pour encourager à poursuivre le diffamateur par cette voie, une récompense pécuniaire proportionnée à la fortune du coupable, était accordée à celui qui l'avait fait convaincre. Si c'était un esclave , le juge le déclarait libre : car , dit le jurisconsulte , quelle récompense peut payer un service rendu au public (1)? C'était d'ailleurs la même raison qui avait fait édicter le sénatus-consulte : il importait à l'ordre public de venger la réputation de chacun *a turpis carminis infamiâ* (2).

§ II. — *Quelle est la peine prononcée contre celui qui succombe dans le* publicum judicium ?

Il est déclaré *intestabilis* : que faut-il entendre par là ? c'est : 1º L'incapacité de déposer comme témoin : *ob carmen famosum damnatus intestabilis fit* (3).

2º L'incapacité de tester et d'être employé dans un testament : « *Si quis ob carmen famosum damnetur* » *senatusconsulto expressum est ut intestabilis sit :* » *ergo nec testamentum facere potest, nec ad testamen-* » *tum adhiberi* (4) » Cette peine est prononcée en vertu du sénatus-consulte rendu pour la répression de la diffamation écrite. C'est ce que dit aussi le § 10 de la L. 5. D. *de Inj. et F. L.* Seulement le § 9 de la même

---

(1) L. 5, § 11, D., *de Inj. et F. L.*
(2) Paul. Sent. *loc. cit.* § 15.
(3) L. 21. D., *de Testibus.*
(4) L. 18. § 1. D. *Qui testamenta facere possunt.*

loi édictant la même peine contre ceux qui ont acheté ou vendu un libelle nous apprend qu'ils deviennent *intestabiles ex Lege*. Quelle est cette loi ?

Les uns affirment que c'est la loi Cornelia *de Injuriis*, loi portée par Sylla C'est l'opinion de Montesquieu, de Gravina. « La loi Cornelia, dit ce dernier (1), » vengeait les injures qui venaient de la plume. Elle » rendait incapable de tester celui qui avait mis au jour » un libelle diffamatoire.... » Vinnius (2) n'est pas moins affirmatif : « *Nam Lege Corneliâ auctor famosi* » *carminis intestabilis ex lege esse jubetur.* » Aucun de ces auteurs ne donne de raisons à l'appui de son opinion : ce qui serait cependant fort utile en présence des textes nombreux que l'on peut invoquer en sens contraire. Paul dans ses Sentences, Justinien aux *Institutes*, les textes du Digeste, nous énumèrent tous les chefs de la loi Cornelia : *Competit ob eam rem quod se pulsatum quis verberatum ve, domum ve suam vi introïtam esse dicat* (3). Impossible de faire rentrer le libelle dans aucun de ces trois chefs.

Ce système écarté il en reste deux autres en faveur desquels existent des arguments sérieux.

Premier système. — Il consiste à dire que la loi en question est la *lex Julia Majestatis*. Pour le prouver, l'on invoque l'autorité de Tacite. D'après cet historien,

---

(1) Gravina Esprit des Lois Romaines, p. 326.

(2) *Vinnius. Loc. cit.* p. 843, n° 6.

(3) *Institut.* L. IV. T. IV § 8.

Auguste aurait fait rentrer le libelle diffamatoire parmi les crimes punis par la loi de lèse - majesté : « *Primus* » *enim Augustus cognitionem de famosis libellis, specie* » *legis ejus tractavit* (1). » Ce serait à cela que le jurisconsulte Ulpien ferait allusion dans le § 9 de la loi 5.

Ce n'est qu'une supposition dénuée de preuves. Le texte de Tacite a déjà été interprété, et d'ailleurs il faudra bientôt l'étudier à nouveau. Pour le moment, je traduirai seulement la réfutation que Cujas a donnée de ce système. Il est vrai, dit cet auteur, que l'on attribue à Auguste certaines dispositions en ce qui concerne les libelles diffamatoires. Mais il s'agit si peu de la *lex Majestatis*, que d'après Suétone Auguste pria le Sénat de ne pas rendre *intestabiles* les libellistes

« *Sed an de lege Juliâ ? Hoc tantum abest ut Sueto-* » *tonius scribat intercessisse eum ne Senatus auctores* » *intestabiles esse juberet* (2). »

Second système. — C'est celui de Cujas ; il est de beaucoup le plus vraisemblable. Il consiste à dire que les mots *ex Lege* désignent le sénatus-consulte édicté contre les libelles. Il faudrait donc lire dans le § 9 de la loi 5 , ex *senatusconsulto* au lieu de *ex Lege*. Ce qui le prouve , c'est qu'Ulpien dit dans le § 10 : sera aussi *intestabilis* en vertu du sénatus consulte ; on trouve les mêmes mots dans le paragraphe suivant et dans la loi 6. « Cette variante serait donc en parfait rapport

---

(1) Tacite. Annales. Liv. I, C. 72,
(2) *Cujas*, T. VIII. p. 1046,

avec les trois passages qui suivent immédiatement (1). »

Quamobrem, legendum opinor ex senatus-consulto (2), dit Cujas. Cette controverse a un intérêt pratique. Si le libelliste était condamné en vertu de la loi Cornelia ; l'action donnée contre lui serait soumise à des règles spéciales, par exemple au point de vue de la prescription. Si c'était en vertu de la *Lex Majestatis*, il en serait de même en ce qui concerne la peine, et la manière d'instruire l'affaire.

DE LA PEINE ATTACHÉE AU LIBELLE PAR LE CODE.

Une constitution de Valens et Valentinien, qui forme au Code la loi unique de *Famosis Libellis,* prononce la peine de mort contre l'auteur et le distributeur de libelles diffamatoires « *capitali sententiâ subjugan-* » *dum.* » Il semble que ces mots ne peuvent laisser subsister aucun doute ; c'est ce que pensent Gravina , Voët, Pérezius, et avec eux la majorité des auteurs.

Cependant ici, comme partout ailleurs, il y a des dissidents. Il ne peut pas s'agir de la peine de mort, d'après certains auteurs ; sans cela il y aurait trop grande disproportion entre le délit et la peine édictée pour sa répression. Que faut-il donc entendre par ces mots *capitali sententiâ* ? Ici ces auteurs se divisent :

---

(1) Histoire du Droit criminel chez les Romains, par M. Walter. L V.

(2) *Cujas,* T. VIII. *Loc. cit.*

Les uns, et parmi les plus autorisés je citerai Pothier et Vinnius (1), soutiennent qu'en règle générale la peine de mort n'était pas prononcée. Elle l'était seulement contre le libelliste qui avait imputé à quelqu'un un crime atroce, pour lequel on aurait été condamné à mort si l'accusation avait été fondée. Il y a ainsi proportion entre la calomnie et le châtiment

Cette opinion est en contradiction formelle avec la définition du libelle ; c'est tout écrit *quod infamiam faxit flagitium ve alteri*. La loi unique au Code *de Fam. Lib.* ne l'a certainement pas modifiée, quoique l'on ait voulu tirer argument en ce sens de la phrase qui termine ce texte. Il n'y est point dit que le libelle, entraînant la peine de mort contre son auteur est celui où l'on impute un crime capital : c'est ce qu'il faudrait pour établir cette opinion.

Les autres pensent qu'il s'agit uniquement ici de la *capitis deminutio* ; ces mots *capitali sententiá* désigneraient donc l'exil, la déportation ; toute peine, en un mot, rendant *capitis minor* celui contre qui elle était prononcée. Ce système n'a qu'un inconvénient, c'est d'être en contradiction manifeste avec l'esprit de la législation Romaine. Celle-ci punissait plus sévèrement l'injure verbale que l'injure écrite. Or, en adoptant cette interprétation des mots *capitali sententiá*, l'on aboutit à un résultat diamétralement opposé. La peine

------

(1) *Vinnius. Loc. cit.* p. 843, n° 8.

del'injure écrite serait tout au plus égale à celle de l'injure verbale, ce qui n'est pas vraisemblable (1).

Aussi, vaut il mieux s'en tenir au sens qu'éveillent tout naturellement dans l'esprit les mots « *capitali sententiâ.* » Les idées chrétiennes faisaient attacher une importance considérable à la répression sévère du libelle. Ce n'était d'ailleurs qu'un retour à la législation ancienne. La loi des XII Tables disait : *fuste ferito* , et l'on sait que ce supplice entraînait souvent la mort du condamné.

SECTION IV.

Influence de la vérité du fait allégué en matière de diffamation écrite.

La question si vivement débattue en matière de diffamation verbale se reproduit pour le libelle. La loi *eum qui nocentem* peut elle être invoquée par l'auteur de l'écrit ; l'excuse-t elle dans les limites d'utilité publique qui résultent de son texte ?

Le Code Théodosien contenait sur ce point deux dispositions.

La constitution première *si quando Famosi libelli*, due à l'empereur Constantin, proclamait la maxime

---

(1) Carpzovius, cité par M. Chassan. T. I, p. 358.

« *Veritas convicii non excusat.* » lorsque l'auteur du libelle ne s'était pas offert à prouver l'exactitude de son allégation. Dans ce cas, il sera recherché ; une fois découvert, on le contraindra à faire la preuve, dans l'intérêt public. S'il réussit à la faire, il n'en sera pas moins condamné à mort. Godefroid en donne la raison: *est quod infamare maluit quàm accusare.*

La Constitution VII était ainsi conçue : Celui qui s'intéresse au salut public doit déclarer son nom, et révéler *ore proprio*, les crimes qu'il a voulu poursuivre dans son libelle. Qu'il vienne sans crainte, car il méritera éloges et récompense, si son allégation est accompagné de preuves.

Ainsi, le Code Théodosien distingue deux hypothèses :

1° Celle où l'auteur du libelle a été découvert avant de s'être spontanément offert à prouver la vérité du fait allégué : dans ce cas, pas d'excuse tirée de la vérité de l'imputation C'est ce qui a fait dire à Voët (1), et après lui à M. Chassan (2), qu'il n'en était pas en Droit Romain, de la diffamation écrite comme de la diffamation verbale : la règle *veritas convicii excusat* qui s'appliquait à cette dernière, étant étrangère à la première. Cette opinion ne me semble pas devoir être admise.

2° Celle où le diffamateur s'est volontairement présenté pour prouver l'exactitude de ses imputations. La règle *veritas convicii excusat* est alors en vigueur. C'est

---

(1) Voët *Loc cit*, n° 10
(2) Chassan. *Loc. cit.* T. 1, n° 457 et note 3, p 356.

ce qui résute de la Constitution VII au Code Théodosien,
rendue en l'an 365 par les empereurs chrétiens Valentinien et Valens.

Qu'a fait Justinien dans le Code ? Il a laissé de côté la
constitution *si quando famosi libelli* qui punit le diffamateur même quand il a fait la preuve ; il s'est contenté de reproduire la Constitution VII. Il a donc, et
sans la moindre restriction, étendu au libelle diffamatoire, la loi *Eum qui nocentem*, en promettant éloges
et récompense à celui qui révélera un fait vrai dont il
fournira la preuve. Il ne distingue pas, comme le faisait le Code Théodosien, si le diffamateur s'est ou non
présenté de lui-même : la règle est donc générale.
Comme le dit Godefroid, « il a cru devoir agir ainsi
» dans la pensée que la vérité excusait toujours l'au-
» teur du libelle (1). »

Le diffamateur par écrit jouit donc des mêmes immunités que le diffamateur par paroles : et la raison est
identique pour les deux situations. Il ne serait ni bon,
ni équitable de condamner celui dont la conduite a été
inspirée par le souci qu'il a du bien public.

Il ne reste plus maintenant pour terminer ce travail,
qu'à étudier, les délits de la parole et de l'écriture,
commis contre l'empereur, et les personnes de sa famille. Il y avait sur ce point une législation spéciale,
toute différente de celle qui vient d'être retracée. C'était
d'ailleurs plutôt le régime du bon plaisir, qu'une législation véritable.

______

(1) En ce sens Fachineus *Loc. cit*, p. 733.

B. — DÉLITS DE LA PAROLE ET DE L'ÉCRITURE PUNIS PAR LA LEX JULIA MAJESTATIS.

I. — DÉLITS DE LA PAROLE.

Cette loi embrassait tant d'objets différents : elle était conçue (sans doute à dessein) dans des termes si vagues que l'on pouvait tout y faire rentrer (1). Il paraît toutefois qu'à l'origine elle punissait les actions , jamais les paroles. Cela ne dura pas longtemps. Tibère , dit Montesquieu (2), « appliqua cette loi non pas aux
» cas pour lesquels elle avait été faite, mais à tout ce
» qui put servir ses haines et ses défiances. Ce n'étaient
» pas seulement les actions qui tombaient dans le cas
» de cette loi, mais des paroles, des signes, et des pen-
» sées même »

Entre les mains de Tibère cette loi devint un instrument terrible. Valerius Montanus, entre beaucoup d'autres victimes, fut puni de mort « *ob contumelias in* » *Cæsarem dictas* » pour de simples paroles injurieuses prononcées contre Tibère (3). Des agents provoca-

---

(1) Gravina. *Du crime de Lèze-Majesté.* ˴
(2) *Grandeur et décadence des Romains,* ch. XIV,
(3) *Annales.* L. IV, ch. 42.

teurs excitaient même à la haine contre l'empereur ceux qu'ils voulaient perdre. Ceux-ci laissaient échapper des paroles imprudentes, recueillies immédiatement par des témoins apostés, qui dressaient ensuite l'acte d'accusation de ces malheureux. Aussi, dit Tacite, on ne s'abordait plus, gens connus ou inconnus étaient également suspects : jusqu'aux murs, jusqu'aux toîts, choses muettes et inanimées, tout inspirait une morne circonspection : *etiam muta atque inanima tectum et parietes, circumspectabantur* (1).

Cela changeait lorsque, par bonheur, le souverain était un homme de bien. Ainsi, Dion Cassius rapporte que Titus ne voulait pas entendre parler de ce genre de crimes. « Personne, disait-il, ne peut m'attaquer, ni » me poursuivre par injure, parce que je n'ai rien fait » qui mérite d'être blâmé et que je méprise profondé- » ment la calomnie. » Le mépris est la meilleure arme contre l'injure ; il grandit celui qui ne s'en émeut pas ; il prouve par là qu'il est au dessus d'elle.

Cependant il fut loin d'en être toujours ainsi, et la preuve c'est que les Sentences de Paul renferment un texte formel sur ce point. On commet le crime de lèse-majesté, non-seulement par des actions, mais par des discours impies et injurieux. « *Quod crimen, non so-* » *lùm facto, sed et verbis impiis ac maledictis maxime* » *exacerbatur* (2). » On fit usage de cette loi aux plus mauvais jours de l'empire Romain.

____

(1) *Annales.* Lib IV, ch 69.
(2) Paul. *Sent.* L. V. T. XXIX, § 2

D'après un passage de Tacite, ces paroles, pour tomber sous le coup de la loi, devaient attaquer, « *princi-* » *pem aut parentes principis quos lex Majestatis am-* » *plectitur* » On ne se contenta pas d'en rester là. Furent punis comme criminels de lèse-majesté tous ceux qui se permettaient de douter de la capacité des fonctionnaires nommés par l'empereur : « *Sacrilegii instar est dubitare an is dignus sit quem elegerit impe-* *rator* (1). » On voit bien que ce furent les intéressés eux-mêmes, qui demandèrent cette sauvegarde pour leur nullité, sous prétexte qu'il ne fallait pas discuter le choix de l'empereur.

Plus tard, Théodose, Arcadius et Honorius rendirent le rescrit suivant : Si quelqu'un parle mal de notre personne, et de notre gouvernement, nous ne voulons pas qu'il en soit puni ; s'il a parlé par légèreté, il faut le mépriser ; si c'est par folie, il faut le plaindre ; si c'est par méchanceté, il faut lui pardonner (2).

Il n'y aurait que des éloges à adresser à ce rescrit, si par malheur les empereurs n'avaient eu le soin de se réserver la connaissance de ces affaires. Il en résultait que la loi de Majesté était désormais appliquée par eux-mêmes, du moins en ce qui concernait la poursuite du coupable. Ce n'était pas un grand progrès, car l'on est mauvais juge dans sa propre cause (3).

---

(1) L. 3 au Code L IX, T. XXVIII *de Crim. sacr.*
(2) L. unique au Code. *Si quis imperatori maledixerit.*
(3) Annales. I. 72.

II. — Délits de l'écriture.

Auguste fit rentrer au nombre des chefs punis par la loi de lèse-majesté, les diffamations écrites dirigées contre de simples particuliers. Ce qui l'y décida en partie, ce fut la violence avec laquelle un orateur célèbre, Cassius Severus, avait, dans des écrits mordants, diffamé les personnages les plus illustres de Rome. Tibère suivit cet exemple, mais surtout pour les attaques qu'il croyait lui être adressées. Il y a lieu de s'étonner que les empereurs Romains aient puni aussi sévèrement les libellistes, quand ils encourageaient et récompensaient les délateurs. Ce qui explique cette contradiction, c'est que ces libelles étaient le plus souvent dirigés contre le souverain, et sauf sous Auguste, on ne punit guère que ceux-là De plus, c'était une arme précieuse contre tous les écrivains regardés comme dangereux. Cette loi fut dirigée bien moins contre les libellistes, que contre la liberté de la pensée: c'était la dernière qui restât au peuple Romain ; la loi de Majesté vint la lui enlever.

Ainsi, Cremutius Cordus fut accusé parce que dans ses Annales il avait appelé Cassius le dernier des Romains (1). Cremutius Cordus trompa la cruauté de Tibère en se laissant mourir de faim. Le Sénat fut assez lâche pour condamner cet ouvrage à être brûlé par la

____

(1) Tacite. Annales.

main des Ediles. Ce n'était pas la première fois « qu'on punissait de mort les écrits mêmes et les études (1). » Les livres de Labiénus avaient déjà subi le même sort ; les uns et les autres n'en restèrent pas moins *sed manserunt occultati et editi*. Aussi, dit Tacite, rions de la présomption de ceux qui s'imaginent étouffer par leur pouvoir éphémère, la voix des siècles à venir... Ceux qui ont employé de pareilles persécutions n'ont fait que préparer la gloire des auteurs et leur propre honte (2).

L'on pourrait citer encore de nombreux exemples mais ceux ci suffisent pour monter quel usage on faisait de cette loi de Majesté. Voici, comme résumé, ce qu'en dit Pline le Jeune à propos de Domitien. « Ce n'étaient pas tant les lois « *Voconia, Julia et Papia Poppæa,* » qui enrichissaient le fisc et l'*ærarium* que le crime » de lèse-Majesté ; crime des citoyens qui n'en avaient » commis aucun autre : *Singulare et unicum crimen* » *eorum qui crimine vacarent* (3).

III. — DE LA PEINE ENCOURUE PAR LES CONDAMNÉS.

Sans entrer dans le détail des règles spéciales à la loi *Julia Majestatis*, il est bon de dire que les dérogations au droit commun étaient nombreuses.

C'est ainsi que les personnes infâmes étaient admi-

---

(1) *Res nova et insueta, supplicium de studiis sumi.* Sénèque.
(2) Tacite. Annales, ib.
(3) Pline-le Jeune. *Panégyrique de Trajan*

ses à accuser de ce crime : les esclaves, les affranchis étaient écoutés , même contre leurs maîtres ou leurs patrons : aucune dignité n'exemptait l'accusé d'être mis à la torture (1).

Les peines étaient d'une sévérité incroyable. On avait remplacé, l'interdiction de l'eau et du feu , par le supplice du bûcher , et de l'exposition aux bêtes (2) La mort même n'empéchait pas les poursuites d'être continuées contre l'accusé. Les biens étaient confisqués : la condamnation retombait même sur les enfants du coupable, malgré le principe de la personnalité des peines.

Aussi, cette loi, est-elle, comme on l'a très bien dit, restée célèbre entre toutes, par les excès de son despotisme. Elle inspirait la crainte ; non pas le respect, et, au dire de Sénèque si les empereurs avaient condamné tous ceux qni les insultaient, ils n'auraient plus eu de sujets : *si omnes conviciatores supplicio afficeret, quibus imperaret, non haberet* (3).

Ainsi, cette loi de Lèse-Majesté, instituée pour assurer la grandeur du Peuple Romain , servait maintenant à assouvir les vengeances, maintenir le pouvoir, protéger la vie d'un Néron ou d'un Vitellius. Cela montre, combien on l'avait détournée de son véritable objet : de cet instrument de la grandeur Romaine , l'on avait fait un instrument de servitude.

---

(1) L. 7 pr. § 1. 2. D. XLLVII. T. IV.
(2) Paul. *Sent.* L. V. T. XIX § 1.
(3) Sénèque, *de Clementiá.*

DROIT FRANÇAIS.

DROIT FRANÇAIS.

INTRODUCTION.

Cette introduction se divise en deux parties :

1° Droit Ancien, ou dispositions qui ont régi les délits de la parole et de l'écriture depuis 476 jusqu'en 1789. — Cette première partie comprend deux sections : 1° Législation des Barbares; 2° Droit Coutumier.

2° Droit Moderne, ou dispositions relatives à la calomnie et à l'injure pendant le Droit Intermédiaire, et pendant que les articles 367 à 378 du Code Pénal sont restés en vigueur.

Cette division en deux parties bien distinctes me paraît exigée par la force même des choses. Il m'a semblé que cette grande date, 1789, traçait pour notre sujet comme pour tout autre une ligne de démarcation qu'il fallait bien fixer. Les législateurs du Droit Intermédiaire ont définitivement rompu, surtout en ce qui concerne les délits de la parole et de l'écriture, avec les principes de nos anciennes coutumes sur la même matière. Ils ont inauguré des règles nouvelles. D'un autre côté, il m'a semblé aussi, que cette législation sur les injures, encore imparfaite comme toutes celles qui viennent seulement de naître, ne devait pas plus que les articles 367 à 378 du Code Pénal, aujourd'hui abrogés, être placée côte à côte avec la loi de 1819. Celle-ci, nous le verrons, a changé du tout au tout, et les règles du Droit Intermédiaire, et celles du Code Pénal, elle seule est aujourd'hui en vigueur en ce qui concerne la diffamation ; aussi sera-t-elle détachée, mise à part, comme étant la seule qu'il faille appliquer.

PREMIÈRE PARTIE.

DROIT ANCIEN.

Délits de la parole et de l'écriture depuis la chûte de l'Empire romain jusqu'en 1789.

SECTION I.

LÉGISLATION DES BARBARES.

§ I.—*Délits de la Parole.*

Dans les sociétés où la civilisation est peu avancée, les injures et la diffamation sont choses relativement rares. La colère et la haine ne se traduisent pas par des paroles, mais par des luttes corps à corps où l'un des deux ennemis perd la vie. Ce que les lois répriment alors avant tout, ce sont les meurtres, les coups, les blessures qui sont le résultat ordinaire de ces vengeances privées. Les lois barbares en sont un exemple frappant. Elles contiennent de nombreuses dispositions sur les injures réelles : *de vulneribus , de plagis , de homicidiis*

A l'inverse , les textes sur les injures verbales sont si rares, qu'un auteur (1) a soutenu que la plupart des lois barbares se taisaient sur ce point : il n'a guère admis d'exception que pour la loi Salique.

C'est aller trop loin: certains peuples punissaient, en effet, le *convicium*. La *lex Longobardorum* (2) renferme un titre de *conviciis*: où il est question de la diffamation. Le paragraphe 50 de l'édit de Théodoric dit qu'il ne faut ajouter foi aux dénonciations secrètes. *Sed eum qui alicui defert ad judicium venire convenit, ut, si, quod detulit, non potuerit adprobare , capitali subjaceat ultioni* (3).

Cet édit , ainsi que la loi des Lombards , ne regarde pas comme délictueuse l'imputation *quam potuerit ad probare*.

Quant aux Allemands , aux Bavarois et aux Francs Ripuaires, ils punissaient seulement l'auteur d'une dénonciation calomnieuse. « *Si quis contra caput alterius,* » *falsa suggesserit , vel quâcumque invidiâ aut insjustâ* » *accusatione aliquem commoverit, ipse pœnam vel dam-* » *num quod alteri intulit, excipiat.* » Le droit d'accusation étant ouvert à tous, il était nécessaire de punir sévèrement les calomniateurs , afin de protéger les innocents.

Arrivons maintenant à la Loi Salique, recueil qui date de la fin du Ve siècle, et qui contient sur notre sujet les

---

(1) Grellet Dumazeau.—*Loco citato.*

(2) L. 1, T. 5. Lindenbrogius. *Codex legum antiquarum,* p. 518.

(3) Ibidem, p. 249.

dispositions les plus nombreuses et les plus intéressantes.

Les Francs Saliens, de même que les Athéniens et les Romains , admettaient la preuve du fait diffamatoire. Celle-ci faisait disparaître le délit. Celui qui tombait sous le coup de la loi pénale c'était le calomniateur et non pas le médisant. Qui disait la vérité n'avait rien à craindre ; pourvu que , toutefois , la révélation par lui faite, intéressât la société. La Loi Salique se rapprochait donc bien plus de la Loi Romaine que de la Loi Grecque, où cette restriction n'existait pas.

Les paragraphes 1, 2, 3 et 4 du Titre 32 *de Conviciis* étaient ainsi conçus : (1)

Si quis alterum, cenitum, sordidum, vulpiculam, leporem clamaverit, culpabil s judicetur. La peine est une amende qui varie avec chacune de ces épithètes. Dans ces hypothèses , le droit de faire la preuve n'est pas ouvert: la vérité de l'imputation n'empêcherait pas d'être condamné. Cela résulte de l'antithèse qui existe entre ces quatre paragraphes , et ceux qui les suivent immédiatement.

V. *Si quœ mulier ingenua aut vir, mulierem meretricem vocaverit , et non poterit adprobare solidis XLV culpabilis judicetur.*

VI. *Si quis alteri imputaverit quod scutum suum projecisset in hoste, vel fugiendo prœ timore, et non potuerit adprobare solidis III culpabilis judicetur.*

---

(1) *Codex legum antiquarum,* page 328.

VII. VIII. *Si quis alterum delatorem clamaverit. ... Si quis alterum falsatorem clamaverit, et non potuerit comprobare culpabiis judicetur.*

Les paragraphes 1 et 2 du titre LXVII. (1) *De eo qui alterum hereburgium clamaverit*, ne punissent aussi le diffamateur que dans le cas où *convincere non potuerit.*

Ainsi la Loi Salique distingue deux cas.

1° L'injure est-elle grossière: sa révélation est-elle inutile à la société: la vérité de l'imputation n'empêchera pas le châtiment, donc, pas de preuve. Si vous traitez quelqu'un d'homme de rien, de renard, de lièvre, de *sordidum*, et certaines versions de la Loi Salique contiennent une épithète plus énergique: vous serez réputé avoir eu une intention malveillante et condamné à une amende.

2° S'agit-il d'un fait qu'il importe à la société de connaître, le diffamateur qui aura fait la preuve, n'aura rien à craindre, car il aura rendu service à tous? Le droit de diffamer existe dans ce cas; mais le droit de diffamer n'emporte jamais celui de calomnier.

C'est ce que dit dans des termes éloquents le titre 37 du Livre V des Capitulaires : « *Qui detrahit fratrem* » *suum homicida est.... Igitur præcipue rogamus ne abs-* » *que gladio, neque vulnere corporis aliquo quisquam ho-* » *micida inveniatur.* »

---

(1) *Codex* L. A. page 343.

§ II. — Délits de l'écriture.

Les Capitulaires s'occupent aussi du *libellus famosus*, c'est-à-dire de la diffamation écrite. C'est le seul recueil entre les différentes lois barbares, qui contienne des dispositions sur ce point.

On punissait comme l'auteur du libelle celui qui ne le détruisait pas, *quum illum invenerit.* (1)

Les lecteurs d'écrits et de chansons diffamatoires (2) étaient traités moins sévèrement: on se contentait de les excommunier.

Enfin l'on prononce l'anathème contre ceux qui affichent des libelles dans une église.

L'infraction a une gravité beaucoup plus grande quand elle s'adresse à un évêque ou à un prêtre : *nam detractio sacerdotum ad Christum pertinet cujus vice legatione in Ecclesiâ funguntur.* Dans ce cas, chacun a le droit de réclamer l'application de la loi contre le coupable. Il est même louable, dit le texte *veluti publicum crimen persequi.* La peine est plus rigoureuse: c'est la torture.

Les Capitulaires ne sont pas une compilation officielle. Leur caractère est essentiellement privé : c'est un intérêt religieux qui a dirigé les auteurs de ce recueil. L'ecclésiastique Benoit Lévite, qui mit la dernière main à ce travail, est fortement soupçonné d'avoir altéré quelques-uns des Capitulaires. Ce qu'il y a de

---

(1) *Capitul.* L. VII, cap. 278.
(2) *Ibid.* cap. 283.

certain, c'est qu'un revirement s'est produit en ce qui concerne la vérité du fait imputé. Est-ce à un remaniement des textes qu'il faut attribuer cette transformation soudaine ? Quoiqu'il en soit, la distinction entre la médisance et la calomnie tend à disparaître. Le paragraphe 142, Livre VII des Capitulaires contient la disposition suivante :

Lex exiliari jubet eos, qui libellos famosos excogitant aut proponunt (1).

Ce silence sur l'admissibilité de la preuve est significatif ; là où un texte formel ne vient pas la permettre, c'est qu'elle n'est pas recevable.

Le paragraphe 298 du même livre donne une règle contraire, ce qui nous fait assister à la lutte des deux tendances opposées :

Qui in alterius famam publicè scripturam aut verba contumeliosa confinxerit et repertus scripta non probaverit flagelletur (2).

Il y a contradiction formelle entre le paragraphe 142 et le paragraphe 278.

Le second est conforme aux traditions du Droit Romain et de la Loi Salique ; le premier leur est évidemment contraire ; il nous montre l'influence religieuse venant restreindre l'effet de la vérité du fait allégué. Dans le Droit Canonique, cette influence sera prépondérante. Entre la médisance et la calomnie il y aura assimilation complète : l'une étant aussi coupable que

---

(1) Liv. VI. Cap. 98, 113, 127.
(2) C L. A. p. 1099.

l'autre au point de vue de la charité. C'est donc le Droit Canonique qui formulera la règle *veritas convicii non excusat*, règle qui, nous le savons, n'existait pas en Droit Romain : *Jure canonico alteri injuriam dicens, licet vera sit, non excusatur, cum prius debeat præcedere charitativa admonitio, vel correctio. Et est communis opinio doctorum* (1).

SECTION II.

DÉLITS DE LA PAROLE ET DE L'ÉCRITURE DANS LE DROIT COUTUMIER.

La France était, avant 1789, divisée en provinces de Droit Écrit, où les lois romaines étaient en vigueur, et en provinces de Droit Coutumier, qui étaient, comme leur nom l'indique, régies par leurs usages locaux. En cette matière, nos anciennes coutumes n'ont guère de dispositions originales : elles ont fait de larges emprunts à la Législation Romaine. De là, entre celle-ci et les Coutumes, des ressemblances nombreuses. Quant aux différences, il y en a aussi, et cela se comprend, car toute transformation dans la société en amène une autre dans la législation. Quoi qu'il en soit, il faudra plus d'une fois, pour éviter des redites, renvoyer au chapitre précédent : une similitude complète existant

---

(1) Schneidewinus *de Injuriis*, p. 603, n° 14.

sur certains points entre le Droit Romain et le Droit Coutumier.

Ici encore nous distinguerons le Délit de la Parole du Délit de l'Ecriture.

§ I. — *Des Délits de la Parole.*

Ils portent tous le même nom, celui d'injure verbale. il sert à désigner la médisance, la calomnie, l'outrage, l'injure. Voici en effet la définition que Jousse donne de l'injure verbale :

« C'est toute parole injurieuse qui est prononcée pour » offenser quelqu'un, en lui reprochant quelque vice » ou quelque crime, ou en parlant mal de lui. » (1)

1° Quels sont les éléments constitutifs du Délit ?

Comme en Droit Romain, il fallait : 1° L'*animus injuriandi* ; 2° l'absence de *juris executio* ; 3° l'atteinte outrageuse. Seulement on n'était pas aussi exigeant quant à ce qu'en Droit Romain : ainsi, était considéré comme une injure le fait de souhaiter du mal à quelqu'un, comme de dire : « Le diable vous emporte ; je voudrais vous voir mort ; » 4° il fallait enfin que le vice ou le fait imputé ne fût pas notoire, autrement celui qui en parlait n'était pas coupable, parce que, disait-on, il n'était pas la cause de sa publicité (2).

2° De la manière de réprimer le Délit. — Nous étu-

----

(1) Traité de la Justice criminelle de France. T. III, partie IV. T. XXIV, p, 19.

(1) Dareau. Traité des Injures. Ch. 1. Sect 1, n° 7.

dierons cinq questions sur ce point : 1° Comment obtient-on réparation ? 2° Qui peut la demander ? 3° Contre qui ? 4° Quelle peine faisait encourir la diffamation ? 5° Quelles causes peuvent empêcher la condamnation ?

1° Comment obtient-on réparation ? — C'est par l'action d'injures, qui, d'après Bouteiller, « a esté bien » introduicte pour contenir les hommes en société, et » empescher que des paroles ils viennent aux mains, » et de légères rixes et contentions à grandes haines et » inimitiez. Car l'homme doit estre soigneux de sa réputation qui luy doit estre aussi chère que la vie ; autrement il est tenu pour sot, perdu et dissolu. (1) »

La réparation peut se poursuivre de deux manières :

1° Par la voie civile, 2° par la voie criminelle. L'on a ordinairement le choix entre les deux actions.

Cependant, nous dit Jousse (2), on ne pouvait intenter que l'action civile dans le cas où l'injure était légère, et qu'on était d'humble condition. L'assignation contre le coupable est faite devant le juge de son domicile, conformément à la règle : *Actor forum sequitur rei.*

Quand au contraire l'injure était atroce, c'est-à-dire capable de causer un tort considérable à la réputation d'autrui, la voie criminelle était ouverte. De même quand la victime du délit avait un rang élevé, ou quand le juge avait été témoin de l'injure. Dans cette dernière hypothèse, était compétent le juge du lieu où le délit avait été commis.

____

(1) Grand Couctumier de practique. L. II, T XXVI.
(2) *Loc. cit.* p 130, 1.

L'on ne peut pas se servir des deux voies, le choix de l'une exclut complètement l'usage de l'autre.

2° Qui peut demander réparation du délit ?

Outre celui qui en est la victime, il faut compter au nombre de ceux qui ont l'action :

1° Le père de l'offensé, car de même qu'en Droit Romain, l'injure faite aux personnes en notre puissance est censée l'être à nous-mêmes : le père (1) peut agir tant en son nom qu'au nom de son fils.

2° Le mari : il est réputé atteint par toutes les injures graves faites à sa femme. (2)

3° Le maître qui peut poursuivre l'injure adressée à son serviteur, si elle a été commise pendant que celui-ci exécutait ses ordres. (3)

4° Un ordre, une communauté qui ont le droit de réclamer réparation pour l'injure dont un de leurs membres a été victime.

Toutes ces personnes souffrent du délit par une autre personne qu'il traverse pour les atteindre : *nempe per alias personas injuriam patimur.*

Le Droit Coutumier s'inspirant de la Législation Romaine n'admettait pas que l'action d'injures fût transmissible activement ni passivement à l'héritier. C'est ce que disait l'article 190 de la coutume de Bretagne. (4)

« L'action ne passe à l'héritier de l'injuriant ou de

---

(1) Coutume de Hainaut, Ch. 42.

(2) Arrêt du Parlement de Grenoble, 16 février 1667.

(3) Jousse, *Loc. Cit.* § 146.

(4) D'Argentrée, art. 190 de l'anc. cout. de Bretagne.

» l'injurié en principal, dépens, ni autre accessoire, s'il
» n'y a contestation. »

D'Argentrée s'étonne avec raison de ce que cette action déclarée intransmissible puisse cependant être l'objet d'une cession. Aussi, dit-il, *illud reipublicæ non expedit, et in totum convenit usu abrogari*(1). D'ailleurs toutes les fois que les héritiers de l'offensé sont directement atteints, ils auront le droit d'agir en leur nom contre le coupable. Si l'action pouvait donner lieu à des dommages et intérêts, elle passait à l'héritier, parce qu'elle était *in bonis*. Il fallait que cet héritier succédât *in personam defuncti* pour jouir de ce droit.

3° Contre qui peut-on demander réparation ?

C'est contre l'auteur du délit et ses complices : les règles du Droit Romain sont applicables sur ce point à notre matière.

4° De la peine que faisait encourir l'injure.

Dans les Etablissements de Saint-Louis, on voit que les injures qui tendent à décrier une personne sont punies d'une amende. « Le coupable paiera cinq sous au » plaignant et cinq à la justice, mais la femme ne sera » tenue qu'à la moitié de l'amende qui est de trois » sous. (1) »

La femme jouissait donc d'une immunité partielle, puisque la peine était abaissée en sa faveur. Quelle était

---

(1) Jousse, *Loc. Cit.* § 152.

) Etablissements de Saint-Louis, L. II, ch. 24, p. 487.

la raison de ce privilége ? D'Argentrée (1) semble répondre à cette question. « *Convicio dictum, ex impotentiâ* » *animi dicentis oritur, ideoque mulieribus potius inge-* » *niis ista conveniunt.* »

Cette indulgence viendrait donc de la pitié que ferait naître cette *impotentia animi ;* un autre auteur parle ainsi: ces injures ont pour cause un défaut auquel les femmes sont fort sujettes . celui du bavardage : *neque garrulitas propriè dolus est sed culpa.* De là cette demi-impunité.

Quoiqu'il en soit de ces explications qui ne sont pas très flatteuses pour les femmes et dont je laisse l'entière responsabilité aux auteurs qui les ont données, il est certain cependant que les femmes étaient privilégiées quant à ce; elles l'étaient encore à un autre point de vue. Lorsque l'injure s'adressait à une femme, le coupable était puni au double. (2) Cette disposition du Droit Coutumier avait été puisée sans doute dans les lois barbares, qui, lorsque la victime de l'offense était une femme, punissaient plus sévèrement celui qui l'avait commise.

Lorsqu'elle était mariée, elle devait être autorisée par son mari, ou à son refus, par la justice (3) avant de pouvoir agir.

Les coutumes d'Orléans, (4) et de Montargis (5) lui permettaient en matière criminelle d'intenter l'action

---

(1) Comm. sur l'art. 627 de la cout. de Bretagne.
(2) Loisel. Instit. coutumières, L. VI, T. 2, m. 24.
(3) Art. 224 de la cout. de Paris.
(4) Art. 200.
(5) Ch. VIII, art. 7.

sans l'autorisation de son mari , et cela pour protéger son honneur.

A l'époque de Saint-Louis , l'amende était fixe , elle était minime. Plus tard, la peine devint arbitraire et dépendit de la nature de l'injure , de sa gravité, des circonstances dans lesquelles elle s'était produite , de la qualité de la personne. C'est ce que nous apprennent les articles 629 et 630 de la coutume de Bretagne.

« Quand gens de bas état ou viles personnes injurient » le noble , ils doivent être punis par prison ou autre- » ment, à l'arbitrage du juge. »

« Et si noble personne dit injure à vile personne il » doit la réparer par pécune. »

On sent bien là l'influence du Droit Romain. C'est la reproduction de la règle : *secundum gradum dignitatis vitæ que honestatem crescit aut minuitur æstimatio injuriæ*. Bien plus, les personnes de très basse condition n'avaient même pas l'action d'injures, (1) et cependant, plus on est faible, plus on a besoin de protection : c'était ce que le Droit Coutumier ignorait autant que le Droit Romain.

Nos anciens auteurs confondaient presque tous la diffamation avec l'injure. « Sachez , dit Bouteiller , » qu'injurier c'est dire et proposer infame et diffame en » corps et renommée a aucune personne, et dont, de » sa bonne grâce en renommée, en corps et en biens y » puisse être amoindrie. (2) »

____

(1) Jousse. *Loc. Cit.* § 124.
(2) *Loco citato*.

D'autres auteurs faisaient une distinction. La diffamation, d'après Denizart (1), est une injure qui tend à ternir la réputation de quelqu'un, et à porter atteinte à son honneur.

Toute injure n'est pas diffamatoire, mais toute diffamation est injurieuse.

Dans ce cas, la peine devenait plus grave ; le délit causant plus de tort à autrui. C'est ainsi qu'en 1557 deux personnes furent condamnées à faire amende honorable, pour avoir faussement accusé une personne d'hérésie, et condamnées solidairement en 8,000 livres parisis envers le roi, et 40 envers la partie.

Quand l'imputation portait une atteinte grave à l'honneur de l'offensé, elle se poursuivait criminellement et se punissait par une réparation authentique. Voici ce que nous dit Jousse sur ce point (2) :

« Le coupable devait déclarer à l'audience, nue tête,
» debout, et quelquefois à genoux, en présence de
» l'offensé et de témoins, qu'il se repentait de ce qu'il
» avait dit et en demandait pardon. »

Il pouvait en outre être condamné aux intérêts civils, à une aumône au profit des prisonniers, à l'affichage du jugement.

Si l'offense était excessive, on y ajoutait une peine afflictive de bannissement ou autre plus ou moins forte, suivant la qualité de la personne qui avait fait l'injure.

---

(1) Collection de Jurisprudence, v° Diffamation
(2) Jousse. *Loc. cit*, p. 577.

5º Des causes qui pouvaient empêcher la condamnation..

1º Les Etablissements de St-Louis contiennent sur ce point une disposition particulière (1) :

« Si le défendeur offre de prouver qu'il n'a pas inju-
» rié , on lui enjoindra de jurer sur l'Evangile qu'il n'a
» dit aucune injure, et en sera quitte sur son serment;
» s'il n'ose faire le serment , il paiera l'amende. »

2º La réparation volontaire : elle avait lieu par des écritures qui étaient signifiées avant le jugement.

3º D'après l'article 628 de la Coutume de Bretagne , « en injures verbales, il y avait compensation , si l'une » est aussi grande que l'autre. »

4º La prescription : l'action d'injures , dit Loysel (2), « est tollue par an et jour. » C'était la règle en vigueur dans les Coutumes de Bretagne , Paris (3), et dans l'Ordonnance de 1673.

La prescription était plus longue quand le plaignant était un magistrat.

Quant aux autres modes d'extinction de l'action d'injures , ce sont les mêmes qu'en Droit Romain ; aussi seront-ils passés sous silence.

Reste maintenant à examiner la question la plus importante de la matière : Quelle est l'influence de la vérité du fait imputé ? Le Droit Coutumier avait-il emprunté au Droit Romain la maxime *Veritas convitii*

---

(1) L. I ch. 148, p 410.
(2) Inst Cout. L V. T III.
(3) Art 227.

excusat? Ou bien était-ce la maxime contraire qu'il avait prise dans le Droit Canonique ?

L'article 627 de la Coutume de Bretagne proclame nettement le principe : « L'injuriant n'est reçu pour » atténuer la réparation de l'injure à vérifier le fait par » lequel il a injurié. »

D'Argentrée, dans son commentaire sur cet article, nous explique le sens de ce mot « injurié. » Pour savoir s'il y a injure, il faut examiner quelle a été l'intention du défendeur. Ce que le juge doit rechercher, c'est si le prévenu peut, pour expliquer sa conduite, invoquer une raison de nécessité ou tout au moins d'utilité. Dans ce cas, il n'y a pas de délit : *Non habet enim juris exec"* *cutio injuriam.*

Voici les exemples donnés par cet auteur. Ne sera pas coupable celui qui a opposé au demandeur en pétition d'hérédité que sa naissance était illégitime : à la femme qui réclame son douaire ou sa dot, qu'elle est adultère, et que son mari, avant de mourir, a porté plainte contre elle ; au témoin, qu'il est infâme.

Dans toutes ces hypothèses, la preuve sera admise, et, si elle est faite, l'action d'injures sera repoussée : *Nempè hæc omnia speciem habent juris et alio fine dicuntur quàm conviciandi.*

Au contraire, celui qui a une intention injurieuse ne peut jamais être admis à faire la preuve. Sera puni, celui qui rappellera à quelqu'un le jugement qui l'a condamné, à être battu de verges : *Nempè animus injuriandi omnem excusationem rejicit.*

Jousse (1) est d'un avis contraire. Il faut, dit-il, distinguer entre la chose jugée et la chose non jugée. « Quand la justice fait subir à un criminel une peine » infamante, elle le livre au reproche du public ; mais » il n'en est pas de même quand le crime reproché n'a » pas été puni en justice. »

Comme application de sa distinction, il cite un arrêt (2) qui renvoyait absous un particulier qui avait reproché à un autre que son père avait été pendu. Jousse lui-même est assez embarrassé de justifier cette décision ; il y trouve de la difficulté, parce que le reproche n'était pas fait à celui qui le méritait, mais à un de ses enfants. Il est à croire que les juges s'étaient laissé influencer par la règle du Droit Romain : *Veritas convicii excusat.* Dans les pays du Droit Coutumier on devait se montrer plus sévère dans les cas où, par exception, la preuve était admise.

En principe, sous notre ancienne jurisprudence, la vérité du fait allégué n'est ni une excuse absolutoire, ni même une circonstance atténuante : *nec ad defensionem, ac ne attenuationem quidem valet.*

'A cette règle un tempérament : 1º Quand celui qui diffame autrui le fait « avec cause ou intérest » la preuve est admissible, et si le défendeur réussit à la faire « il s'en va délivré (3). »

2º Quand les imputations verbales sont prononcées

---

(1) Jousse. *Loc. cit*, § 124.

(2) 8 octobre 1610.

(3) Bouteiller *Loc. cit.*

pour repousser une injure ; elles seront excusables si elles sont vraies.

Dans tous les autres cas , « lorsque l'injure a lieu , de » gaîté de cœur et sans avoir été provoquée, la vérité » n'y fait rien, quand même l'imputation tendrait à » faire punir un crime public, et qu'on offrirait d'en » faire la preuve (1). » De tout cela il résulte que le Droit Coutumier avait proclamé la règle *veritas con-vicii non excusat* , s'écartant en cela du Droit Romain.

MÉMOIRE DES MORTS.

« L'injure verbale, dit Muyart de Vouglans, se com-» met aussi contre les morts de même que contre les » vivants, comme lorsqu'on insulte à leur mémoire par » des diffamations calomnieuses (2). »

Le Droit Coutumier, ainsi que le Droit Romain, considérait l'injure faite au défunt comme faite à l'héritier lui-même ; aussi lui donnait-il l'action contre le coupable.

Dans notre ancienne jurisprudence, il y a de nombreux arrêts en ce sens ; je me bornerai à citer un arrêt du 22 août 1738, portant réparation à la mémoire d'une personne insultée après sa mort.

Quant aux injures proférées contre le roi, elles étaient punies comme crime de lèse-majesté.

---

(1) Dareau.— Traité des injures, p. 458 n° 13
(2) Lois criminelles. L. III, T. VII, § 4

§ II. — *Délits de l'écriture.*

Ils portent le nom de « faux libelles et lettres diffa-
» matoires sur un tiers. » Voici la définition qu'en
donne Bouteiller, qui intitule ainsi un des paragraphes
de son Titre XXXIX. « Ce sont une manière de cédules,
» que aucuns ont accoustumé de mettre par les voyes
» pour blasmer ou pour diffamer autruy. »

Ces mots « cédules, libelles » que l'on trouve à chaque
instant dans les textes, ont une acception très étendue.
Ils comprennent les livres, placards, chansons, vers,
mémoires, pièces d'un procès.

Si l'on faisait plusieurs copies d'une lettre, pour les
répandre dans le public, elles constitueraient le délit
de libelle. Il en serait autrement, si elle était particulière. Une lettre est par nature confidentielle, et qui dit
confidence, dit absence de publicité. Si le contenu vient
à être connu de tous, cela n'est pas imputable à celui
a écrit la lettre ; c'est le résultat d'une indiscrétion,
dont il est, sans doute, plus fâché que tout autre. Aussi,
reconnaissait-on que dans ce cas il n'y avait pas de
peine, ou qu'elle devait être très légère.

On assimilait au libelle diffamatoire certaines injures
réelles commises contre l'honneur et la réputation des
personnes. Rentraient dans cette catégorie les images,
peintures, dessins de toute nature. Ainsi, un arrêt du
18 janvier 1618, condamne à une forte amende un particulier qui avait affiché des cornes à la porte de quel-

qu'un. Il en était de même pour les portraits diffamatoires (1).

Il n'y a point de règles spéciales sur la manière d'obtenir réparation ; il ne reste donc qu'à dire quelles sont les peines, et quels sont ceux qui les encourent.

De la peine et de ceux qui les encourent.

Tombent sous le coup de la loi les auteurs, imprimeurs, vendeurs, détenteurs de libelles diffamatoires. Un règlement du conseil (2) a même été jusqu'à punir les relieurs de libelles. Ils sont déchus de leurs priviléges et immunités et déclarés incapables d'exercer leur profession sans jamais pouvoir y être rétabli.

Celui qui trouve un écrit diffamatoire a pour devoir de le détruire à l'instant : « Ne dire, ne parler n'en doit » jamais à âme, et si ainsi n'est fait, la loi veut que celui » qui avant le portera soit attaint et puny comme fai» seur de la chose, et de crime capital de faulsonnerie et » diffame (3). »

La peine varia souvent avec les ordonnances nombreuses qui se succédèrent rapidement pour la punition de ce crime. D'après la déclaration du 17 janvier 1561 article 13, les imprimeurs, semeurs et vendeurs de placards et libelles diffamatoires, sont punis pour la première fois du fouet, et pour la seconde de la vie.

---

(1) Article 10. Déclaration du 16 avril 1571.
(2) 28 Février 1723.
(3) Bouteiller. *Loc. cit.*. Titre 39

Les lettres-patentes du 10 septembre 1563 édictèrent
la confiscation de corps et de biens contre les mêmes
personnes, et de plus contre toutes celles qui « mettraient
» en évidence aucune publication, de quelque chose
» qu'elle traitât sans la permission du grand-sceau. »
On voit que la liberté de la presse était un vain mot
en l'an de grâce 1563. Les choses ont changé depuis
lors.

Quant aux imprimeurs on leur avait fait une situation
à part : ces diverses peines ayant été jugées trop douces :
on les pendait, et on les étranglait comme perturbateurs
du repos public. C'étaient les seuls qui fussent condamnés à mort.

Cela dura jusqu'en 1626 : cette année là, Richelieu
irrité de certaines attaques dont il avait été victime fit
rétablir la peine de mort : tous ceux qui se trouveront
avoir attaché ou semé des placards et libelles diffamatoires subiront cette condamnation. En 1629 (1) les auteurs, imprimeurs, vendeurs, furent assimilés aussi aux
criminels de Lèse Majesté.

La déclaration du 10 mai 1728 établit que les imprimeurs, protes, correcteurs et compositeurs seraient condamnés pour la première fois au carcan, même à plus
grande peine s'il y échet, sans que ladite peine du
carcan puisse être modérée, et, en cas de récidive, aux
galères pendant 5 ans.

On ordonnait aussi que les écrits seraient supprimés

---

(1) Ordonnance de Janvier, art. 179

et brûlés par la main du bourreau. Cela arrivait surtout quand ils avaient un caractère calomnieux ou contenaient des imputations graves. Quelquefois on faisait partager ce sort à l'auteur du libelle. C'était ce qui avait lieu, lorsqu'il était dirigé contre la personne du roi.

Ainsi, un gentilhomme, Pierre Dugué, fut, pour ce fait, condamné par arrêt du 1er décembre 1584 à être pendu et brûlé avec ses ouvrages en place de Grève. Un avocat subit le même sort en 1586 devant les degrés du Palais.

Quand il s'agissait de mémoires diffamatoires publiés pendant un procès, l'on prononçait : une amende contre leur auteur, la suppression de l'écrit ; une réparation devait aussi avoir lieu.

Dans le fameux procès que Beaumarchais soutint contre le conseiller Goësman, la Cour, toutes chambres assemblées, condamna Beaumarchais a être blâmé à genoux et à payer trois livres d'amende. Quant à ses mémoires si mordants, si diffamatoires, ils furent en vertu du même jugement, brûlés par la main du bourreau le 5 mars 1775. Beaumarchais, obtint plus tard la rétractation de ce jugement, par voie de requête civile.

Ces textes, ces exemples, prouvent à l'évidence que la diffamation écrite était bien plus sévèrement punie que la diffamation verbale. Jousse allait même jusqu'à dire » que c'est une sorte d'homicide d'attaquer la réputa- » tion et l'honneur de quelqu'un, qui sont plus chers que » la vie même (1). » C'est là la raison de cette extrême

____

(1) Jousse. *Loc. cit.* § 198.

rigueur que la jurisprudence poussait jusqu'à ne jamais reconnaître en matière de libelle, la vérité du fait allégué comme une excuse.

L'impression qui reste de cette étude c'est qu'en Droit Coutumier il n'y a pas eu de règles précises sur les délits de la parole ou de l'écriture. C'est à peine si l'on distingue la simple injure verbale de la diffamation, c'est-à-dire de la médisance et de la calomnie. Celles-ci sont mises sur la même ligne malgré la différence énorme de gravité qu'elles présentent au point de vue intentionnel. Quant à l'action d'injures elle est arbitraire. La peine varie suivant la qualité de la personne comme si l'honneur devait être chose plus précieuse pour tel individu que pour tel autre. Un tel système était contraire à l'égalité qui doit exister pour tous devant la loi, au droit identique que chaque citoyen a d'être protégé. Il avait pour résultat de laisser à l'arbitraire du juge une carrière qu'il est toujours dangereux de lui accorder.

SECONDE PARTIE.

DROIT MODERNE.

SECTION Ire.

DROIT INTERMÉDIAIRE (1789-1810)

Le Droit intermédiaire, de 1789 à 1810, laisse subsister la confusion qui existait autrefois en cette matière, sans même en combler les lacunes. Le délit de diffamation n'existe pas encore : c'est à peine si l'on distingue la calomnie de l'injure.

La loi du 20 août 1790 attribue aux juges de paix la connaissance des actions pour injures verbales.

La Constitution du 14 septembre dans l'article 17 du chapitre 5 contient la disposition suivante : la calomnie et les injures contre quelque personne que ce soit, relatives à leur vie privée, seront punies sur leur poursuite.

C'est là le résumé de la théorie de la diffamation contre les simples particuliers telle que l'a comprise la loi du 17 mai 1819.

Quant au Code Pénal du 25 décembre 1791 , ce qu'il

réprime c'est la calomnie commise en justice, c'est-à-dire celle dont les conséquences sont les plus graves.

Il inflige la peine de six années de gêne à celui qui sera convaincu de crime de faux témoignage en matière civile : en matière criminelle la peine est de 20 années de fers : c'est même la mort si pareille condamnation a été prononcée contre l'accusé dans le procès duquel aura été entendu le faux témoin.

Quant à la calomnie ordinaire, la peine était d'une amende qui ne pouvait excéder trois journées de travail, ou d'un emprisonnement qui ne pouvait excéder trois jours. Une reparation pécuniaire dont le montant n'était pas fixé, pouvait être accordée à la victime. Il résultait donc de cette loi du 8 Brumaire an IV combinée avec le décret des 17-22 août 1791 que, suivant sa gravité, l'injure était passible, tantôt de peines correctionnelles, tantôt de peines de simple police. Seulement, dans la pratique, cette distinction présentait tant de difficultés que souvent les tribunaux faute de textes précis, étaient obligés d'absoudre celui qui était certainement coupable d'une calomnie ou d'une injure.

DÉLITS DE L'ÉCRITURE.

La Constitution de 1791 avait proclamé la liberté de publier sa pensée; liberté qui n'existait pas auparavant; « Nul homme ne pourra être recherché ni poursuivi » pour raison des écrits qu'il aura fait imprimer ou pu- » blier, sur quelque matière que ce soit, si ce n'est qu'il » ait provoqué à dessein la désobéissance de la loi, etc. »

Mais cela n'empêcha pas le décret du 6 floréal an II (25 avril 1794) d'être excessivement sévère pour les auteurs d'écrits anonymes ou sous des noms supposés , adressés aux tribunaux et accusant faussement des citoyens de prétendues intelligences et machinations con-^tre la liberté et la souveraineté du peuple.

Les coupables étaient punis de mort: attendu , dit le décret, que les fabricateurs de pareilles lettres sont véritablement des conspirateurs contre la sûreté générale, et que la loi inflige la peine de mort contre les personnes convaincues de ce crime.

C'était la seule hypothèse où la calomnie commise dans des écrits anonymes et signés était qualifiée délit.

Ainsi, le tribunal de police , compétent pour statuer sur les injures verbales aux termes de l'article 605 § 7 de la loi du 3 brumaire an IV ne l'était pas du tout pour connaître des injures écrites. Il fut même décidé par arrêt du 18 novembre 1808 qu'un jugement de police prononçant à la fois et indivisément sur des injures verbales et des injures écrites était nul pour le tout. Comme la législation s'est transformée depuis 1789! Avant cette époque le libelle était regardé comme un homicide; après 89 , si le libelliste est puni, c'est par exception, et dans les cas les plus graves. C'est à l'incurie plutôt qu'à la volonté du législateur qu'il faut attribuer cet état de choses.

SECTION II.

CODE PÉNAL DE 1810.

(ART. 367 - 372. 374 - 378. 471 § 11).

Le législateur de 1810 a fait disparaître la différence
que le Droit Romain et le Droit Coutumier avaient établie entre les délits de la parole et de l'écriture. La peine
est la même pour les uns et pour les autres : c'est ce qui
résulte des articless 367 et 371 de ce Code.

Il y a lieu de regretter cette innovation que nous retrouverons dans la loi de 1819. Le délit commis par la
voie de la presse ou de l'écriture a une criminalité plus
grande que celui de la parole il est commis avec pré-
méditation, il cause un plus grand dommage à la réputation d'autrui. Il est vrai que les juges ont un moyen
pour remédier à cet état de choses : ils peuvent graduer
la peine, la proportionner à la gravité de la faute, dans
les limites du minimum et du maximum ; en appli-
quant au délit de l'écriture, une peine plus forte qu'au
délit de la parole. Quoiqu'il en soit il eût peut-être mieux
valu que le législateur eût fait lui-même cette distinction
au lieu d'en laisser le soin aux tribunaux.

Le législateur a divisé en trois catégories les délits de
la parole et de l'écriture .

1º La première comprend la calomnie ;

2º La seconde , les injures ou expressions outrageantes .

3º La troisième, les injures ou expressions outrageantes qui ne renferment pas l'imputation d'un vice déterminé, ou qui n'ont pas été proférées publiquement.

I. — *Calomnie.*

Quels étaient les éléments de ce délit ?

On en comptait deux : 1º L'imputation à un individu quelconque de faits qui, s'ils existaient, exposeraient celui contre lequel ils sont articulés à des poursuites criminelles ou correctionnelles, ou seulement au mépris ou à la haine des citoyens.

2º La publicité de l'imputation.

Le calomniateur était puni d'un emprisonnement de deux à cinq ans et d'une amende de 200 à 5,000 francs quand le fait par lui imputé était de nature à mériter la peine de mort, les travaux forcés à perpétuité, ou la déportation. Dans tous les autres cas, l'emprisonnement était d'un mois à 6 mois, et l'amende de 50 à 2,000 fr. L'impunité était assurée au calomniateur quand le fait imputé était légalement prouvé vrai. On ne considérait comme preuve légale que celle résultant d'un jugement ou de tout autre acte authentique. Enfin, quand les faits imputés étaient punissables suivant la loi, et que l'auteur de l'imputation les avait dénoncés, il était, durant l'instruction sur ces faits, sursis à la poursuite et au jugement du délit de calomnie.

Ces dispositions du Code Pénal manquaient de logique. D'un côté, l'on condamnait celui qui avait imputé à autrui un fait qui était de notoriété publique, et cela , parce qu'il n'apportait pas de preuve authentique ; de l'autre , cette imputation était permise quand elle s'appuyait sur un jugement. Si la révélation de faits déshonorants est chose bonne , utile, nécessaire même, pourquoi la subordonner à l'existence d'un acte judiciaire ? Dira-t-on que celui-ci donne la certitude et que l'existence du fait par lui reconnu est indiscutable ? Ce serait soutenir qu'il ne s'est jamais produit d'erreurs judiciaires , ce qui serait certes fort à désirer , mais ce qui , par malheur , ne pourra jamais être dit de tous les jugements des hommes. Enfin , l'on ôte au mot calomnie son véritable sens , qui est l'imputation d'un fait faux ; or , une chose peut être notoire, certaine, sans qu'il y ait pour cela un acte judiciaire.

S'il importe au contraire à l'ordre public que l'on édicte la défense d'imputer à quelqu'un des faits de nature à l'exposer au mépris ou à la haine de ses concitoyens , il faut que cette défense soit complète. La preuve légale de l'allégation doit être interdite aussi bien que toute autre. Il y a une raison d'humanité qui commande le silence , même dans ce cas. Quand une faute a été expiée , il faut fournir à celui qui a subi sa peine les moyens de se réhabiliter et de redevenir honnête homme. Il faut oublier le passé au lieu de le faire revivre en l'exhumant d'un casier judiciaire.

La loi de 1810 avait fait tout le contraire : elle avait fermé l'avenir à ceux qui avaient subi une condamnation , en permettant à chacun, de la leur jeter à la face; du moment qu'il apportait la preuve légale. Cette législation était dangereuse pour l'ordre public, en ce qu'elle pouvait créer des inimitiés, allumer des haines mortelles, et par la révélation de faits oubliés depuis long temps, empêcher de revenir au bien ceux qui en avaient le désir et la volonté. Aussi, la loi de 1819 a-t-elle bien fait d'abroger complètement ces dispositions.

II. — *Injures ou expressions outrageantes.*

On appelle ainsi, dit l'article 375, celles qui ne renfermeraient l'imputation d'aucun fait précis, mais celle d'un vice déterminé, si elles ont été proférées dans des lieux ou réunions publics, ou insérées dans des écrits imprimés ou non, qui auraient été répandus et distribués. Elles constituent un délit.

Traiter quelqu'un de voleur, de fripon, d'assassin, c'est une injure dans le sens de cet article. Le coupable était puni d'une amende de 16 à 500 francs. Inutile d'insister davantage sur ces mots : imputation d'aucun fait précis, etc. ; car ils reparaîtront bientôt dans la loi du 17 mai 1819 et seront étudiés en ce qui concerne la diffamation.

Cet article 375 a été abrogé par l'article 18 de la loi de 1819, qui en a d'ailleurs reproduit les termes à peu près littéralement.

III. — *Injures ou expressions outrageantes qui ne constituent qu'une simple contravention.*

Ce sont 1° Celles qui ne contiennent pas l'imputation

d'un vice déterminé ; 2° Celles qui tout en ayant ce caractère, n'ont pas été proférées publiquement.

L'on a pensé que dans le premier cas l'atteinte causée par elles à la réputation est minime, car elles ne sont fondées sur aucun fait ; que dans le second, l'absence de publicité leur enlevait presque entièrement leur gravité.

C'est ce qui résulte des articles 376 et 471 n° 11 du Code Pénal. L'amende est de 1 à 5 francs : en cas de récidive l'emprisonnement aura lieu, mais pendant trois jours au plus. De plus, en cette matière la maxime *paria delicta mutuâ pensatione tolluntur*, doit être appliquée : c'est ce que prouvent ces mots de l'article 471, n° 11 » sans avoir été provoquées. »

Les articles 376 et 471, n° 11 du Code Pénal n'ont pas été abrogés par la loi du 17 mai 1819 : ils continuent donc d'être appliqués tous les jours. D'ailleurs, ces dispositions du Code de 1810 présentent encore un autre intérêt. Elles ont été en vigueur jusqu'au 15 octobre 1867, dans un pays voisin, la Belgique. Les traités qui l'ont séparée de la France lui avaient laissé notre législation. C'est seulement depuis la promulgation du nouveau Code Pénal Belge que ces articles 367-378 ont cessé d'être appliqués concurremment avec le décret du 20 juillet 1831 sur la presse.

DROIT FRANÇAIS.

De la diffamation contre les simples particuliers.

La diffamation contre les simples particuliers est définie et réprimée par les lois des 17 et 26 Mai 1819. Ces lois ont pour titres : de la répression et de la poursuite des crimes et délits commis par la voie de la presse ou par tout autre moyen de publication.

Ce sont donc des lois de la Presse qui régissent les dispositions de notre matière. Les lois de cette nature sont en effet rédigées dans un double intérêt :

1º Le premier est essentiellement politique. Le législateur détermine la mesure , tantôt large, tantôt étroite, dans laquelle tout individu aura le droit de publier sa pensée. Cette liberté variera avec les époques, la constitution politique du pays, les revirements soudains de l'opinion. Tout cela a contribué à amener le nombre

vraiment prodigieux des lois sur la presse ; on a prétendu qu'en les comptant toutes, c'est-à-dire et les lois
faites, et les lois simplement proposées, leur nombre
s'était élevé à 160 depuis 1789.

2° Le second intérêt est privé. Il consiste dans la
protection que réclament la considération et l'honneur
de tout citoyen. Quelle que soit la forme du gouvernement, ce respect doit être le même. Aussi, depuis 1819,
les règles sur la diffamation contre les simples particuliers n'ont guère varié. Quelques modifications dans la
procédure, dans l'application des peines ont été appor-
tées ; en un mot, ce qui a changé, c'est plutôt la forme
que le fond.

Le législateur de 1819 ne s'est inspiré ni de la loi grecque, ni de la loi romaine. Il a, au contraire, emprunté
au Droit Canonique la règle qui repousse toute différence entre l'allégation d'un fait vrai et celle d'un fait
faux : entre la médisance et la calomnie. L'article 20
de la loi du 17 mai en est la preuve formelle : « nul ne
» sera admis, dit-il, à prouver la vérité des faits diffa-
» matoires si ce n'est dans le cas.... » D'où il résulte à
l'évidence qu'en règle générale la preuve est bannie. Si
elle est admise, c'est par exception. En dehors des personnes et des faits énumérés par cet article, la vérité
du fait allégué ne pourra être établie ni devenir une
cause d'excuse.

Quelle est la raison qui a fait agir ainsi le législateur
de 1819 ? C'est la crainte du scandale qu'aurait amené
l'admissibilité de la preuve. » La vie privée doit être
murée, disait Royer-Collard, et M. Beugnot ajoutait :

« Nul n'a intérêt de scruter la conduite de son voisin,
» et par conséquent nul n'en a le droit, car ici le droit
» naît de l'intérêt. L'inflexibilité de la loi sur ce point
» est admirable, parce qu'elle est la garantie du repos
» des familles, et c'est pour obtenir ce repos qu'elles
» se sont réunies en société. »

Ainsi, pas de preuve ; la calomnie et la médisance
sont comprises toutes deux sous le nom de diffamation
et punies de la même manière.

Qu'appelle-t-on diffamation ? Voici la définition qu'en
donne l'article 13 de la loi du 17 mai 1819.

« Toute allégation ou imputation d'un fait qui porte
» atteinte à l'honneur ou à la considération de la per-
» sonne ou du corps auquel le fait est imputé est une
» diffamation. »

Ce délit se compose donc de deux éléments :

1° De l'allégation ou imputation d'un fait ;

2° Il faut qu'une atteinte à l'honneur ou à la considération d'une personne ou d'un corps résulte de ce fait.

A ces deux éléments viennent s'en joindre deux
autres. Le premier est indiqué par l'article 14 de la
même loi ; c'est la publicité telle que la définit la loi
du 17 mai 1819 dans son article premier.

Le second est commun à tous les délits, sauf quelques rares exceptions : c'est l'*animus injuriandi* ou
l'intention de nuire.

Chacun de ces éléments va être étudié dans une section distincte.

CHAPITRE I.

Éléments nécessaires à la diffamation.

SECTION I.

ALLÉGATION OU IMPUTATION D'UN FAIT

> Croyez qu'il n'y a pas de plate méchanceté,
> pas d'horreurs, pas de conte absurde, qu'on
> ne fasse adopter aux oisifs d'une grande ville
> en s'y prenant bien, et nous avons ici des
> gens d'une adresse !   BEAUMARCHAIS.

---

§ I. — *Allégation ou imputation*.

Il faut bien se garder de confondre entre eux les mots allégation et imputation ; chacun désigne une chose différente. Voici la définition qu'en donnait M. Courvoisier, rapporteur de la loi de 1819 :

« L'allégation , c'est l'énonciation d'un fait sur la foi
» d'autrui, ou l'assertion qui se produit sous l'ombre
» du doute. »

» L'imputation , c'est l'assertion personnelle de celui
» qui parle et qui écrit »

Dans ce dernier cas l'auteur de la diffamation encourt à lui seul toute la responsabilité du délit. En serait-il de même dans l'hypothèse où celui qui a tenu le propos en indiquerait la source : ou bien échapperait-il par là à la condamnation ? La Cour de Cassation (1) a admis la première solution : la seconde constituerait en effet un moyen par trop commode de s'affranchir d'une responsabilité méritée. La notoriété publique n'empêcherait pas non plus le coupable de subir la peine édictée par la loi.

L'allégation indique moins de confiance, moins de franchise que l'imputation : elle se produit aussi sous l'ombre du doute. Que faut-il entendre par là ? Le simple soupçon rentre-t-il dans ces termes ? L'espèce suivante s'est présentée en matière de calomnie ; il est intéressant de la résoudre en matière de diffamation.

Primus dit publiquement, qu'on lui a volé une somme d'argent et que le vol ne peut avoir été commis que par un tel ou par sa fille ; y a t-il diffamation ? Oui, assurément : selon les paroles du rapporteur l'allégation laisse à l'assertion l'ombre du doute : or l'hypothèse en question présente bien ce caractère. Impossible de mieux montrer qu'on juge cette personne capable de commettre le vol dont on est la victime.

Dire de quelqu'un : s'il a fait telle chose, c'est un voleur, c'est un brigand, est-ce une allégation ? D'après la majorité des auteurs il faudrait répondre que non.

---

(1) 4 novembre 1831

Dans une phrase hypothétique il n'y a pas expression d'une opinion défavorable : on est même plus près de la repousser que de l'adopter.

Il me semble cependant que l'opinion contraire est préférable. Dans certains cas cela ne peut être douteux. *Primus* sait, aussi bien que tout le monde, que le fait en question a été accompli par celui dont il parle. Il est évident qu'alors l'allégation n'est hypothétique qu'en apparence : elle est formelle en réalité. Si, au contraire, l'imputation est hypothétique le précédent système est encore trop indulgent. Là aussi il y a «ombre de doute» et cela suffit pour qu'il y ait allégation. Souvent même celui contre qui elle aura été dirigée sera obligé de se disculper, ce qui prouve qu'il en sera résulté une atteinte à sa considération.

Comme le dit fort bien un auteur : « il suffit que l'al- » légation se sente pour qu'elle soit : il appartient aux » juges de la dégager des formes souvent très habiles de » sa manifestation (1). »

C'est ainsi que l'allusion, l'ironie, l'antiphrase tomberont sous le coup de la loi. On cherchera à lire au fond de la pensée, que cachent des mots, en apparence irréprochables. Si l'on y trouve le caractère de criminalité que la forme n'a pas, il y aura diffamation indirecte ou oblique comme l'appelaient les anciens auteurs. Rentrent dans cette catégorie les phrases suivantes : je n'ai pas été condamné pour faux : je ne suis pas illégitime lors-

---

(1) Code des lois sur la Presse par M. Rousset.

qu'elles sont adressées à une personne qui ne peut malheureusement tenir le même langage.

Commet-il aussi une diffamation celui qui se sert du nom d'une personne pour diriger contre elle des imputations de faits contraires à l'honneur ? *Primus* publie, sous la signature de *Secundus*, une lettre où il lui fait faire les aveux les plus compromettants pour sa considération, est-ce un diffamateur ?

Oui, d'après certains auteurs ; et le délit qu'il a commis est d'autant plus grave qu'il s'est entouré de plus de précautions pour échapper au châtiment, et déshonorer plus sûrement sa victime.

Non , suivant MM. Chauveau et F. Hélie (1). Quand l'imputation diffamatoire s'étaye d'un faux certificat , d'une pièce fabriquée pour la soutenir : ce fait accessoire devient le crime principal et les peines du faux lui sont applicables. Ainsi, la lettre missive revêtue d'une fausse signature et ayant pour objet d'imputer des faits diffamatoires à un tiers, constitue un faux.

La Cour de Cassation a jugé que ce crime , existait dans les écrits qui sont faits pour nuire à l'honneur et à la réputation d'une personne tout aussi bien que si l'on en avait voulu à ses intérêts pécuniaires. Comme dans les deux cas il y a dessein criminel, dans les deux cas aussi le châtiment doit être le même. C'est l'opinion que je crois la meilleure (2).

---

(1) T. II, n° 550.

(2) Sic Cass 12 nov. 1813.—Id. 26 juillet 1832. — 18 nov, 1852.—3 déc. 1859

Il en serait de même dans l'hypothèse où pour diffamer *Primus* j'emprunterais le nom de *Secundus*.

§ II.—*D'un fait.*

Il faut qu'il soit déterminé, précisé : ôtez ces caractères, et, quelle que soit la qualification malveillante ou la nature des faits impliqués par elle il n'y aura pas diffamation mais injure. C'est diffamer *Primus* que dire de lui qu'il a commis tel vol, tel faux, tel assassinat : l'appeler faussaire, voleur, assassin , c'est l'injurier. De même si l'on reproche à *Primus* d'être un homme sans foi, sans honneur (1) ; à un avocat, de s'être écarté de la ligne d'honnête homme , d'être un polisson (2), une canaille, une « sangsue » de la chicane (3). Ce sont là des généralités injurieuses sans doute, mais ce ne sont pas des diffamations. Il leur manque pour cela un caractère essentiel : elles ne contiennent pas l'imputation d'un fait précis (4).—Il a aussi été jugé que les qualifications de « lâche, capitulard, officier de carton, » données spécialement à des officiers, hors de l'exercice de leurs fonctions ne constituent pas des propos diffamatoires . ils ne sont qu'injurieux (5). Et cependant ne pourrait-on pas dire que ces épithètes supposent à n'en pas douter des faits précis de lâcheté, de capitulation, partant qu'elles

------

(1) Sic. Cass. 5 déc. 1861.
(2) Cour de Riom 13 nov. 1867.
(3) Chambéry 20 juillet 1872.
(4) Cass. 8 juillet 1843.
(5) Douai 24 avril 1872.

doivent être punies comme diffamations ? Non certes ,
car avec ce raisonnement , il n'y aurait plus d'injures :
et l'épithète de voleur suppose tout aussi bien que celles
de tout à l'heure, un fait précis de vol : elle constitue
néanmoins une injure (1).

D'après cela, que faut-il décider dans l'espèce suivante ? *Primus* traite un individu de voleur, de coquin ,
d'homme de mauvaise foi, en ajoutant qu'il prend le
chemin du bagne ; y a-t-il là l'allégation d'un fait précis ? Oui, d'après la Cour de Cassation (2) qui paraît
s'être écartée , en jugeant ainsi , des principes qu'elle a
affirmés plus d'une fois. Examinons en effet cette solution :

Les premières qualifications sont simplement injurieuses ; cela ne peut pas faire de doute. Si donc il y a
diffamation dans l'espèce, ce délit ne peut résulter que
du reproche adressé à quelqu'un de prendre le chemin
du bagne. Est-ce que ces mots renferment l'allégation
d'un fait précis ? Il est difficile de le soutenir ; s'il est
vrai qu'ils impliquent bien l'idée que la personne en
question se rendra coupable d'un crime , ils sont toutefois trop vagues pour constituer autre chose qu'une
injure publique.

Il en serait tout autrement, si l'on appelait quelqu'un
vieux forçat, reste de prison destiné à y rentrer un

---

(1) Rouen 27 avril 1827.
(2) C. de Cass., 4 nov., 1801.

jour. Il y aurait alors allégation d'un fait déterminé, celui d'avoir été au bagne. Comme il réunit aussi les autres conditions de l'article 13, il tomberait sous le coup de la loi.

Traiter quelqu'un de mouchard n'est pas une diffamation ; mais si l'on ajoute : vous touchez pour cela trois mille francs de la police, le fait deviendra précis ; la condition exigée par le législateur existera dès lors. Peu importe d'ailleurs que le fait ait été accompli ou non ; l'imputation d'une tentative de meurtre serait donc punie comme l'imputation du meurtre lui-même. Il ne serait pas non plus nécessaire que la tentative imputée eût tous les caractères qui la rendent punissable ; il suffit qu'une atteinte à l'honneur puisse en être la conséquence.

Du moment que le fait est précis, il peut être positif ou négatif : consister dans une action ou dans une omission. Un fait *in omittendo* constituera donc une diffamation pourvu qu'il soit de nature à porter atteinte à l'honneur ou à la considération. Sera puni comme diffamateur celui qui aura dit à quelqu'un : vous ne payez jamais vos créanciers. La loi ne distingue pas ; ce qu'elle défend, c'est toute imputation d'un fait positif ou négatif, passif ou actif ; peu importe. L'imputation d'avoir reçu un soufflet serait donc suffisante ; mais la question de savoir s'il en résulte une atteinte à l'honneur ou à la considération est réservée ; elle sera bientôt résolue et discutée.

Reste maintenant à savoir si l'imputation d'un fait impossible peut constituer un délit. En principe il faut répondre par la négative. Quoique un auteur célèbre ait écrit : « Si l'on m'accusait d'avoir volé les tours de » Notre-Dame, je commencerais par prendre la fuite, » il est bien certain que cette imputation est absurde et que personne ne la prendra jamais au sérieux. Donc, pas d'atteinte à l'honneur, ce qui est un des éléments constitutifs de la diffamation.

Il y a cependant des hypothèses pour lesquelles la question a été vivement controversée ; l'imputation de sorcellerie est du nombre.

D'après certains auteurs (1), ce serait tout au plus une injure simple. A l'objection tirée de ce que dans certaines parties de la France, ce nom est un danger, et *à fortiori* une atteinte à la considération de celui à qui il est donné voici ce qu'ils répondent : pour apprécier l'esprit de la loi, on ne saurait prendre pour base ce qu'il y aurait de plus grossier et de plus inepte dans les superstitions des populations rurales. Tout cela est parfait en théorie, mais ne l'est pas en pratique. La question est de savoir si de cette imputation il est résulté une atteinte à l'honneur ou à la considération. Or, il est certain que dans bien des cas c'est ce qui aura lieu ; ce sera même le but qu'aura voulu atteindre

______

(1) De Grattier —Délits de la Presse, T. 1, p. 199.—Carnot, articles 471 n° 11 du C. P.— Dalloz.

le prévenu. Cette accusation de sorcellerie ne se produira que dans les pays où elle est accueillie par la crédulité craintive de la population. Il y a donc diffamation (1).

M. Grellet-Dumazeau cite encore d'autres exemples où l'imputation d'un fait impossible a été regardée comme une diffamation (2).

D'ailleurs, ici, comme pour l'imputation, ou pour l'allégation, il n'y a pas de règles absolues ; les tribunaux sont appréciateurs de ces caractères.

SECTION II.

ATTEINTE A L'HONNEUR OU A LA CONSIDÉRATION D'UNE PERSONNE OU D'UN CORPS.

La loi n'exige pas qu'il y ait eu en fait une atteinte à l'honneur ou à la considération ; elle ne s'attache pas au résultat. Il suffit que l'imputation ait été de nature à l'obtenir pour qu'elle soit diffamatoire. Ce n'est pas la faute du prévenu si la réputation de son ennemi était au-dessus de toute attaque ; si ses calomnies ou médisances se sont émoussées contre elle sans l'entamer.

---

(1) C. de Cass., 15 mars 1811. Elle a déclaré que c'était une injure grave pouvant nuire à la réputation.

(2) Epinal, 1828.—Voir Traité de l'Inj., de l'Outr., et de la Diff.

Il faut donc, avec la Cour de Cassation, entendre ces mots de l'article 13 «portant atteinte» dans ce sens: « qui pourraient porter atteinte. » L'esprit de la loi confirme cette interprétation.

Cette section sera divisée en quatre paragraphes:

1º Faits portant atteinte à l'honneur ; 2º à la considération ; 3º d'une personne ; 4º d'un corps.

§ Ier. — *Quels sont les faits portant atteinte à l'honneur ?*

Pour les connaître, il faut d'abord savoir ce qu'est l'honneur. Comme le disait M. Guizot, il ne se rattache pas à l'idée que les autres ont de nous , mais plutôt à l'idée que nous tenons à en conserver nous-mêmes. L'honneur est en effet indépendant de l'opinion publique : celle-ci ne peut le donner à qui ne l'a pas ; c'est nous qui l'acquérons et en sommes les gardiens.

En général , tout ce qui touche à la probité et à la réputation touche à l'honneur (1). Reprocher à quelqu'un d'avoir été au bagne, d'avoir commis tel faux, tel assassinat, d'être un usurier, c'est porter atteinte à l'honneur. Il en serait de même si l'on disait qu'un individu inscrit sur la liste électorale doit être radié pour cause de déchéance à raison d'une condamnation correctionnelle (2).

---

(1) M. Courvoisier. Rapp, à la Chambre des Députés.
(2) Cass. 27 janvier 1866.

Serait aussi une diffamation, l'imputation d'un fait constituant une atteinte à l'honneur militaire Il est vrai que s'il en est ainsi, c'est que la considération, l'estime professionnelle, ont souffert. Il résulte en effet de la discussion à la Chambre des Députés et des Pairs, que l'on n'a pas eu en vue l'honneur militaire, mais celui qui a pour base la probité.

§ II. — *Faits portant atteinte à la considération. Quels sont-ils ?*

Ce mot considération , fut, en 1819, l'objet d'amères critiques. Un député, **M.** de Chauvelin, lui reprochait d'être beaucoup trop vague et d'être entièrement nouveau dans la langue du Droit. **M.** Guizot répondit que le mot était clair et que les jurés en trouveraient, suivant les cas , la véritable application.

Un autre député en demanda la suppression , proposant de le remplacer par le terme de réputation, qui est beaucoup plus usuel. Le garde des sceaux maintint la rédaction primitive ; en disant : « La considération » s'entend particulièrement de l'estime que chacun » peut avoir acquise dans l'état qu'il exerce : estime qui » est une propriété précieuse, que la diffamation peut » atteindre sans porter cependant atteinte à son hon- » neur ; car on peut être homme d'honneur, n'être pas » diffamé comme tel, et l'être, par exemple, dans les » qualités morales qui font un bon négociant, un bon » avocat, un bon médecin. »

A la différence de l'honneur, la considération tient à l'opinion que les autres ont de nous : ce jugement du public est sujet à erreur; plus d'une fois, des gens indignes ont été entourés de considération, et à l'inverse, ceux qui en méritaient le plus, n'en ont pas eu du tout. La loi protége d'ailleurs, dans une égale mesure, toute considération : peu importe qu'elle soit méritée ou usurpée.

Les faits contraires à la considération sont plus difficiles à déterminer que ceux contraires à l'honneur. C'est que la première est une faveur de l'opinion publique, et que rien n'est variable et mobile comme elle. Ce qui sera regardé comme nuisible à la considération de *Primus*, n'aura pas cet effet vis-à-vis de *Secundus*. Cela dépendra de mille circonstances diverses et d'une appréciation fort délicate en pratique; ainsi : de la position que la victime occupe dans la société, du milieu où elle vit, de sa profession. En voici un seul exemple : Reprochez à un célèbre critique d'avoir composé une tragédie détestable, vous porterez atteinte à sa considération de bon écrivain (1). Reprochez cette paternité anti-littéraire à un homme qui sait à peine lire et écrire, il n'y aura plus la moindre atteinte. Vous lui aurez même bien plutôt fait honneur en lui supposant des connaissances qu'il n'a pas.

---

(1) Affaire Geoffroy c. Cubières c. Palmezeaux qui avait publié sous le nom du critique une tragédie burlesque intitulée : *la Mort de Caton.*

C'est se rendre coupable de diffamation que d'imputer à un médecin de tuer plus de malades qu'il n'en guérit; à un avocat, de ruiner ses clients ; à une maison ou à une société de commerce d'être dans une position peu rassurante pour ceux qui traiteront avec elle : dans tous ces cas la considération sera mise en danger.

Seulement, comme le font remarquer MM. Chassan et de Grattier, la critique d'un acte rentrant dans la profession de ces personnes ne tirant pas à conséquence, ne produirait certes pas le même effet,

C'est nuire à la considération d'un commerçant que de dire : C'est un mauvais payeur, un payeur très dou-teux, qui laisse protester les traites tirées sur lui (1). Le résultat direct de ces quelques mots sera de faire perdre à ce commerçant tout ou partie de son crédit. Il baissera dans la confiance de ceux avec qui il est en relation d'affaires ; il est, pour me servir des expressions de M. de Serres, diffamé dans les qualités morales qui font un bon négociant.

Est-ce que l'imputation d'avoir reçu un soufflet, sans exiger de réparation par les armes, constitue une atteinte à la considération ?

La question s'est présentée dans les circonstances sui-vantes : le sieur Jules B...., ayant donné deux soufflets à un avocat, M. S...., avait été condamné à dix jours d'emprisonnement. La Cour de Riom, devant qui l'af-

---

(1) Rouen. 22 août 1844.

faire avait été portée en appel, prononça contre le sieur
B.... une amende de 300 francs , l'affichage de l'arrêt à
100 exemplaires, l'insertion dans plusieurs journaux: le
tout, « pour coups volontaires. »

Cet arrêt ne parlait donc que de coups: c'était une manière polie de déguiser les soufflets donnés en réalité.
Tout eût été fini si l'agresseur n'avait pas fait imprimer
dans les journaux de Riom un article où il s'exprimait
ainsi sur l'arrêt de la Cour.

« Des énonciations conformes au style du Droit, sont
» insérées dans cette pièce juridique. En lisant que M.
» B.... a donné des coups, on pourrait croire que ce ne
» sont pas des soufflets que M. S.... a reçus. Il faut un
» compte rendu des débats du procès: il est sous presse:
» ces documents font connaître quelle espèce de coups
» j'ai portés. »

De là, plainte en diffamation de S.... contre Jules B...
devant le tribunal correctionnel de Riom qui accueillit
la demande et condamna B.... à quinze jours de prison
et 1,500 francs de dommages et intérêts.

Voici deux des attendus de ce jugement : (1)

« Attendu qu'une semblable allégation ne peut avoir
» eu d'autre but que d'imprimer une flétrissure publique
» sur le front de celui qui aurait reçu un outrage si san-
» glant que, dans les idées du monde, il ne peut se laver
» que dans le sang. »

---

(1) Trib cor. de Riom, 19 janvier 1844.

« Que cet écrit , lancé dans le monde (expression de
» B.... dans sa plaidoirie) comme contre-lettre à un ar-
» rêt qui aurait voulu détruire la possibilité d'une sem-
» blable allégation , ne peut être considéré que comme
» une réitération maligne d'un premier outrage attenta-
» toire à l'honneur ou du moins à la considération juste-
» ment due à l'honneur de M. S.... »

Sur l'appel , la Cour de Riom confirma ce jugement
purement et simplement: la Cour de cassation (1) rejeta
à son tour le pourvoi formé contre l'arrêt de la Cour.

On a vivement critiqué ces décisions judiciaires. On
les accuse de manquer de logique et d'être en contradiction formelle avec la jurisprudence de la Cour suprême
sur le duel. Si l'on condamne celui qui , pour effacer la
trace d'un soufflet, recourt aux armes plutôt que de s'a-
dresser à la justice, l'on ne doit pas, dit-on, appeler diffamatoire l'imputation de n'avoir pas demandé réparation
par les armes d'un soufflet reçu. Peut-on , en effet, être
atteint dans sa considération pour avoir respecté les prohibitions du législateur ? Evidemment , non. Ce serait
d'ailleurs faire consacrer par la justice le plus barbare
des préjugés, c'est-à dire le point d'honneur.

Certes, en théorie, ce raisonnement est excellent: malheureusement, il ne l'est guère en pratique. Il faut
avant tout tenir compte de la réalité: c'est ce qu'a proclamé la Cour de cassation. Oui, M. S.... avait obéi à la

____

(1) 24 mai 1844.

loi en ne recourant pas à un moyen qu'elle proscrivait;
mais la question était de savoir si l'imputation de ce fait
passif avait porté atteinte à sa considération. Or, il est
indiscutable qu'aux yeux du monde cette atteinte existait. Qu'elle fût le résultat d'un préjugé odieux : soit :
mais tant que ce préjugé existait , l'imputation devait
être punie puisqu'elle était dommageable. En décidant
ainsi, la Cour de cassation·a fait son devoir, comme lorsqu'elle condamne le duelliste qui a blessé son adversaire.

Les imputations dirigées contre la considération professionnelle d'une personne sont aussi punissables. La
Cour d'appel de Paris, le 9 décembre 1842, a déclaré que
devait être traité comme diffamation le fait de dire du
gérant d'un journal qu'il est le valet de chambre du rédacteur principal et qu'il s'entend mieux à tenir le plu-
meau que la plume. C'est ce dernier membre de phrase
qui constitue le délit. L'atteinte à la considération consiste dans l'allégation que l'écrivain est incapable et au-
dessous de sa position.

Imputer à un rédacteur en chef d'avoir pour collaborateurs des criminels, est ce nuire à sa considération? Le
tribunal correctionnel de la Seine a , le 5 avril dernier ,
répondu par l'affirmative. (1) Cette décision est parfaitement juste. La confraternité politique et littéraire qui
existe entre ceux qui , chaque jour , signent de leurs
noms la même feuille , établit entre eux tous une sorte

____

(1) *Gazette des Tribunaux*. 6 avril 1873. M. Madre contre *Paris.
Journal*.

de solidarité. C'est donc déconsidérer un rédacteur en chef que de lui imputer d'avoir pour associés, pour collaborateurs, des invidus coupables de crimes.

Nous avons maintenant à faire la part des droits légitimes que la critique littéraire revendique. Discuter le le talent d'un auteur, la forme, le fond de son ouvrage, les critiquer avec ardeur, avec passion même, l'écrivain peut tout cela. Il ne sort pas de son domaine, partant pas de reproche à lui adresser. Seulement, l'auteur ainsi attaqué pourrait invoquer l'article 11 de la loi du 25 mai 1822. Cet article permet à toute personne nommée ou désignée dans un écrit périodique d'y faire insérer gratuitement sa réponse, qui pourra avoir le double de la longueur de l'article auquel elle sera faite.

Ainsi, pas de diffamation, lorsque le critique se borne à juger, fût-ce sévèrement, une œuvre littéraire. Quiconque publie un écrit, se soumet à la censure du public, et doit s'attendre à ce qu'elle exerce ses droits. Seulement plus d'immunité si la critique met en cause la personne même de l'auteur. C'est ainsi que la Cour de cassation a, le 25 novembre 1845, traité comme diffamatoire l'imputation adressée à un écrivain d'être privé de raison et d'être échappé d'un hospice d'aliénés. L'imputation de *plagiat* serait une atteinte à la considération personne d'un écrivain, (1) mais ce ne serait pas dépasser les bornes

---

(1) Alexandre Dumas, c de Mirecourt. Trib. cor. de la Seine. 28 avril 1845.

d'une critique légitime de dire à un auteur que le mérite de l'invention ne lui appartient pas, et qu'il s'est contenté de rajeunir la donnée d'un autre.

Les mêmes règles sont applicables à la critique d'une entreprise. La liberté de censurer les conditions dans lesquelles elle est organisée, de prévoir ses chances de succès, est laissée à chacun. Seraient au contraire délictueuses les allégations de nature à nuire à l'honneur et à la considération d'une compagnie et de son directeur. Il faudrait reconnaître ce caractère au fait de publier qu'une compagnie fermière d'un établissement thermal trompe le public sur la nature des produits qu'elle lui livre, qu'elle donne accès dans ses salons à des personnes d'une immoralité notoire, qu'elle se livre à des spéculations condamnées par par la morale publique (1).

Ainsi l'honneur ou la considération d'une compagnie et de son directeur doit être respectée. Il y a lieu de regretter que l'on n'ait pas admis ici la preuve allégué. Si, lorsque une affaire industrielle ou commerciale vient de se fonder, on pouvait diriger contre elle et ses directeurs toutes les imputations que l'on voudrait, sauf à en faire la preuve, que de gens échapperaient à la ruine ? Avec le système actuel celui qui voudrait montrer aux dupes de ces entreprises véreuses ou chimériques, l'abîme ou va se perdre leur fortune, celui-là serait condamné comme diffamateur. De là le silence qui favo-

---

(1) C. de Cass. 10 août 1865.

rise tous ceux qui veulent s'enrichir aux dépens d'autrui. Discussion non-seulement de l'entreprise elle-même , mais des garanties que présentent le passé , la capacité, la moralité de ses directeurs , voilà ce qu'il faudrait , et alors sans doute on verrait moins d'affaires comme celle du Transcontinental.

La Belgique vient d'entrer dans cette voie : la Chambre (1), sur la proposition de M. Sainctelette a introduit dans le nouveau Code de Commerce , au titre des Sociétés, une disposition qui permet de fournir la preuve des imputations dirigées contre les Sociétés anonymes. C'est un premier pas vers la solution qui laisserait le champ moins libre à des spéculations dont les victimes, faute d'avertissement salutaire , deviennent de plus en plus nombreuses.

§ III.—*Désignation de la personne.*

Peu importe son rang ou sa condition. Notre législation actuelle n'admet pas que certaines personnes puissent ressentir l'injure à l'exclusion de certaines autres. Cela était bon dans le Droit Romain et dans le Droit Coutumier : cela n'est plus possible aujourd'hui. L'égalité doit exister devant l'honneur comme devant la loi. Chacun a le même intérêt à conserver le bien le plus précieux de tous, et le droit de réclamer de la loi secours et protection.

---

(1) Voir *Indép. Belge* du 2 avril 1873.

En droit Romain la désignation certaine de la personne injuriée ou diffamée suffisait pour qu'il y eût injure verbale ou libelle : mais cette condition était indis. pensable. Il en est de même aujourd'hui d'après la loi de 1819. Lorsque le diffamateur sera resté dans le vague , au point que l'on ne pourra deviner à qui il fait allusion, il n'y a pas de délit A l'inverse, toutes les fois que la désignation aura lieu d'une manière détournée mais néanmoins facile à saisir, il y aura diffamation. C'est ce qui résulte de la loi de 1819 combinée avec l'art. 11 de la loi de 1822. Cet article permet à toute personne « désignée » dans un écrit périodique d'exiger que l'on y insère sa réponse.

L'indication indirecte est donc suffisante : point n'est besoin du nom du diffamé : ses initiales, la mention de l'emploi qu'il occupe constitueront la désignation voulue par la loi.

Il faut bien se garder de dire avec un arrêt que la diffamation existera seulement à une condition : c'est que le public tout entier n'ait pu se méprendre sur l'individualité de la victime. S'il en était ainsi, la diffamation ne serait pas de ce monde, car l'on exigerait l'impossible. Combien de fois arrivera-t-il que le public tout entier saisira l'allusion faite à un simple particulier ? Il faudrait pour cela qu'il eût une bien grande notoriété , une notoriété, que le premier venu n'a évidemment pas. Non, il y aura diffamation, quand la partie du public qui forme l'entourage du diffamé, l'aura reconnu sous

une désignation transparente. Il y aura eu atteinte à sa
considération puisque les personnes à l'estime desquelles,
il attache le plus de prix, auront compris que l'allusion
blessante lui était adressés.

§ IV.—*Désignation d'un corps.*

Que faut-il entendre par là? Voici la définition que
M. Rousset donne d'un corps (1).

« Ce sont les personnes morales désignées par l'arti-
» cle 5 de la loi du 25 mars 1822, à savoir : les cours,
» les tribunaux, administrations, et, en outre, toute
» agglomération ou groupe d'intérêts constituant des
» êtres moraux, tels que sociétés de crédit public, de
» bienfaisance ou autres régulièrement organisées et au-
» torisées. »

Pour un corps, de même que pour une personne, la
condition nécessaire à l'existence du délit, est qu'il ait
été désigné. Ce sera à lui d'en faire la preuve. D'ailleurs, comme il ne doit être traité ici que de la diffamation contre les simples particuliers, il me suffira d'avoir
donné cette définition.

---

(1) Code des Lois de la Presse, n° 1625.

SECTION III.

DE LA PUBLICITÉ.

La publicité n'est pas moins nécessaire à l'existence de la diffamation, que les conditions précédentes. L'écrit resté caché dans un portefeuille, les confidences échangées entre amis ne sont pas punissables. Ce ne sont que des pensées sur lesquelles aucune juridiction humaine ne peut et ne doit exercer de contrôle : on n'en est responsable que devant sa conscience et devant Dieu. Il y a bien là une intention malveillante, mais tant qu'on ne cherche pas à la communiquer aux autres par l'un des moyens défendus par la loi, celle-ci n'intervient pas, car il n'y a pas de délit.

Quels sont ces moyens ? L'article 1ᵉʳ de la loi de 1819 en donne l'énumération :

« Quiconque, soit par des discours, des cris ou me-
» naces proférés dans des lieux ou réunions publics,
» soit par des écrits, des imprimés, des dessins, des
» gravures, des peintures ou emblèmes vendus ou dis-
» tribués, mis en vente ou exposés dans des lieux ou
» réunions publics, soit par des placards ou affiches
» exposés aux regards du public, aura.... »

Il résulte de là que la publication de la pensée peut

avoir lieu de deux manières : par paroles ou par écrits ; un paragraphe spécial sera consacré à chacune d'elles.

§ I. — *Publication de la pensée par la parole.*

Les éléments constitutifs de cette publication sont au nombre de trois.

1° Il doit y avoir des discours, des cris, des menaces; ces mots n'ont pas besoin de commentaire : ils présentent un sens très net à l'esprit.

2° Ces discours ou ces menaces doivent avoir été proférées ; quant aux cris, cette condition existera toujours forcément. Le projet de loi n'avait pas cette exigence quant aux discours. Voici, en effet, comment il était rédigé : quiconque par des discours tenus , soit par des cris ou murmures proférés. De là, la conséquence que des discours prononcés à voix basse, n'ayant eu aucune publicité sérieuse tombaient cependant sous le coup de la loi. Pareil inconvénient avait déjà eu lieu avec la rédaction de l'article 367 du Code Pénal, en ce qui concernait la calomnie. Aussi , un député proposa de supprimer le mot *tenus,* et de rapporter aux discours comme aux cris et menaces, celui de *proférés,* qui constituait une publicité réelle. Cet amendement fut adopté par la Chambre. La conséquence qu'il faut en tirer est la suivante : les paroles, qu'elles consistent dans des cris, menaces ou discours, doivent toujours avoir été proférées, sinon il n'y a pas de publicité.

3° Il faut enfin que les paroles aient été proférées dans des lieux ou réunions publics.

Quelle est au juste la signification de ces mots ? Là-dessus grande controverse dans la doctrine, décisions opposées dans la jurisprudence.

1° Définition des lieux publics. — Chaque auteur propose la sienne ; voici sur ce point la théorie de M. Chassan, qui repousse celle de M. Parant.

Les lieux, dit M. Chassan (1), sont publics ; 1° Par leur nature, comme une rue, une place, une promenade ; dans ce cas ils le seront toujours, et indépendamment des personnes qui s'y trouvent. Peu importe qu'il y ait eu ou non des assistants ; peu importe aussi qu'il fît jour ou nuit. Ce sont là des circonstances accidentelles qui ne changent pas la nature du lieu.

2° Par destination.—Tels sont les musées, les amphi-théâtres d'une Faculté, les hôtels, les églises, etc. La destination des édifices est fixée d'une manière permanente ; elle donne à l'endroit en question la publicité que, par nature, il n'a point. Seulement, aux jours et aux heures où ces lieux sont fermés au public, les discours, quoique proférés, n'auraient plus la publicité voulue par la loi.

Sont publics par destination, les cafés, omnibus, gares de chemins de fer, théâtres, diligences (2).

---

(1) *Loc. cit.* T. I, p. 48 à 53.

(2) *Contra.* Cour de Cass, 27 août 1831. Cette décision, dit M. Chassan, doit être signalée et critiquée. *Loc. cit.*, p. 57.

Quid de l'étude d'un notaire ? D'après M. Chassan, c'est un lieu public quand les propos ont été proférés aux heures où elle est accessible aux clients ; peu importe le nombre de personnes présentes. La Cour de Bourges, dans un arrêt du 22 juillet 1836, a rendu une décision dans un sens opposé. L'étude ne sera pas un lieu public à toutes les heures de travail ; elle le sera seulement dans le cas où tout le monde y sera convoqué, par exemple un jour d'adjudication. De ces deux solutions, c'est la première que je crois devoir adopter.

3° Par accident. — Ce sont ceux qui, par rencontre, sont accessibles au public : par exemple, les salles louées pour un bal, pour un concert, une conférence. Dans ces hypothèses la publicité du lieu ne dure pas plus longtemps que sa destination.

Ainsi, d'après M. Chassan, du moment que les cris, discours ou menaces ont été proférées dans un lieu public par nature ; par destination, pendant le temps qu'il est ouvert à tous ; par accident, tant que dure la destination, il y a par cela même publicité. Point n'est besoin que les propos aient été proférés en présence de plusieurs personnes, ou de manière à être entendus par elles.

Cette doctrine est vivement combattue par un certain nombre d'auteurs (1). Il faut, disent-ils, dans tous les cas, la présence de plusieurs personnes : peu importe

---

(1) Dalloz. V. Presse-Outrag, n° 525. Rousset. Code de la Presse, n°˟ 876 à 882.

que le lieu soit public par nature , par destination ou par accident.

En effet , dit M. Rousset , « ce qui fait la gravité et » le danger des délits de publication , c'est leur publi- » cité réelle et effective. Proférée au bord de la mer ou » au milieu du Champ-de-Mars désert , une injure ne » serait que fictivement publique. Il faut donc complé- » ter les mots lieux publics par le sous-entendu de » lieux publics AVEC PUBLIC et publicité RÉELLE. »

Mais combien faudra-t-il de personnes pour consti- tuer ce public? M. Rousset n'est pas embarrassé : il fixe ce nombre , au moyen des articles 214 du C. P. et 381 , § 2 du même Code , à trois personnes au moins.

La Cour de Cassation (1) a décidé en ce sens qu'un propos diffamatoire tenu à haute voix sur une place publique , n'a pas la publicité nécessaire lorsqu'il est tenu à un seul individu et que personne ne passe à proximité.

Malgré toutes ces autorités , je me range à l'avis de M. Chassan. Tout d'abord à la Cour de Cassation , j'op- poserai la Cour de Cassation elle-même : elle me four- nira la meilleure réfutation de ce système.

« Attendu qu'en droit on ne saurait admettre que » pour qu'il y ait publicité il faut qu'il se trouve un » public dans le lieu public, puisque ce serait confondre » le lieu public avec la réunion publique et exiger la

---

» réunion de ces deux circonstances pour constituer la
» publicité. »

« Qu'il résulte, tant du texte que de l'esprit de la
» loi, que dès l'instant où l'imputation a eu lieu dans
» un lieu public de sa nature ou par destination, il
» suffit qu'elle se soit produite de manière à être enten-
» due par des personnes qui se trouvaient ou auraient
» pu se trouver dans ce lieu (1). »

M. Rousset dit que le propos en question n'aura aucune publicité effective s'il est prononcé au milieu du
Champ-de-Mars désert. Rien de plus vrai ; aussi , dans
ce cas là il n'y aura même pas de procès. Pour qu'il
puisse surgir, il faudra toujours un témoin *de auditu*,
peu importe qu'il se soit trouvé ou non dans le lieu
public ou seulement à proximité. Or, si le propos qui
n'est entendu que d'une seule personne, n'a pas, pour
le moment, de publicité, il en aura peut-être un jour :
Nil tam volucre quàm maledictum, il n'y a rien de plus
rapide qu'une diffamation. Ce n'est pas d'ailleurs la
faute du prévenu s'il ne passait personne à ce moment.

De plus, il est peut être arbitraire de tirer argument
du Code Pénal et de ses dispositions sur la Rébellion ,
pour déterminer ce qu'est le public en matière de diffamation. Le système de M. Chassan a l'avantage de couper court à une infinité de controverses.

2° De la réunion publique.

---

(1) Cassat. 26 nov. 1864.

La publicité résulte non-seulement de ce que les paroles ont été prononcées dans un lieu public, mais aussi
de ce qu'elles l'ont été dans une réunion publique, et
cela malgré le caractère privé du lieu où elle a été
tenue.

Quand pourra-t-on dire d'une réunion qu'elle est publique? Question qui est aussi difficile que la précédente et ne soulève pas moins de controverses.

D'après M. Rousset, il faut donner le nom de « publique » à toute réunion d'au moins trois personnes en
un lieu où d'autres peuvent s'introduire, librement,
sans invitation, ni permission du propriétaire, quand
bien même le droit d'entrée fût subordonné à une condition déterminée.

Sauf les mots « au moins trois personnes » cette définition me semble parfaitement exacte. Ne seront donc
pas publiques, des réunions de famille, d'amis intimes
avec qui l'on est en relations fréquentes, et cela quelque soit leur nombre. Bien plus, un bal, une soirée
dans une maison particulière, n'est pas non plus une
réunion publique : n'y va pas qui veut. Il faut une invitation du maître de la maison, qui est libre de recevoir
chez lui qui il lui plaît d'y avoir. Il en serait tout autrement s'il s'agissait d'un bal par souscription, d'une
réception officielle ; quoique l'entrée soit subordonnée
dans ce cas à une condition déterminée, elle est libre
toutefois et ne nécessite pas une invitation du propriétaire.

Quant au nombre « d'au moins trois personnes, » je crois qu'il doit être rejeté comme celui « d'au moins vingt personnes » que veulent faire adopter certains auteurs par application de l'article 291 du C. P. Ces solutions auraient un avantage : celui d'établir une règle fixe qui mettrait l'accord dans la doctrine et la jurisprudence. Malheureusement, elles ont un grand défaut, c'est d'être divinatoires ; or, le premier devoir de ceux qui interprètent la loi, c'est de l'appliquer et non de la faire.

En cette matière, comme le dit M. Rousset lui-même, tout dépend des circonstances : c'est au juge à en faire la part. De plus, d'après un arrêt de la Cour de Cassation, il est dans les attributions, comme dans les devoirs des Tribunaux, d'examiner et de constater si les paroles ont été proférées dans une réunion publique (1). Ils devront même dire ce qui, dans chaque espèce qu'ils auront à juger, constitue la publicité de la réunion.

§ II.—*Publication de la pensée par l'écriture.*

Le législateur de 1819 a énuméré quelques-unes des formes qu'emprunte ce moyen de manifester la pensée. Celles qu'il cite sont les plus ordinaires, ce sont : les écrits, imprimés, dessins, gravures, peintures ou emblèmes. Cette disposition n'a rien de limitatif : c'est ce que

____

(1) Cass. 26 janv. 1826.

le garde des sceaux a déclaré d'une manière formelle :
« On assimilera à la presse tous les autres moyens de
» publication par lesquels un homme peut agir sur l'es-
» prit des hommes ; car c'est dans le fait que réside ce
» délit »

La photographie, la sculpture, la caricature tomberont
donc sous le coup de la loi. Il n'y aurait aucune raison
de leur accorder une immunité dangereuse.

Quels sont les faits d'où résulte la publicité ?

Ce sont: 1° la vente, fut-ce même d'un seul exemplaire:
qui a vendu vendra encore s'il se présente des amateurs.
Que décider si un auteur avait vendu un manuscrit à un
imprimeur ? Sera-ce un fait de publicité ? L'affirmative
paraît bien fondée. Que défend la loi ? C'est la vente de
tout écrit diffamatoire. Qu'on ne dise pas que la publicité et, avec elle, le délit font ici défaut. Ce qui vient d'ê-
tre accompli, c'est le premier acte de publication, et par
là le vendeur s'est fait le complice de celui à qui il a cédé
son manuscrit pour le faire imprimer. La publicité qui
en résultera sera son œuvre, il doit en subir la responsabilité.

2° La distribution. — La loi Portugaise (1) pose en prin
cipe qu'il n'y a pas lieu à punition avant la publication.
Celle-ci n'est censée avoir lieu que si des exemplaires de
l'ouvrage ont été distribués à six personnes. Cette loi a
l'avantage de couper court aux controverses : ce que ne

---

(1) Art. 5, 6, 7 de la loi de 1832 sur la presse.

fait pas la Loi Française. Les tribunaux apprécient souverainement le nombre d'exemplaires qui est nécessaire pourqu'il y ait distribution. En principe, le distributeur est condamné, alors même qu'il aurait seulement placé un un exemplaire du libelle. S'il avait pu faire davantage, il n'aurait pas hésité: ce n'est donc pas la volonté qui lui a manqué: c'est le temps ou l'occasion. Il n'est pas non plus exigé que la distribution ait été opérée dans des lieux ou réunions publics.

3º Mise en vente. — C'est, pour un libraire, ou un marchand de gravures, le fait d'avoir reçu chez lui des livres ou des dessins. Comme ce sont là les objets de son commerce, il est, par cela même, considéré comme les mettant en vente. Point n'est besoin qu'il les expose à la montre. Il faut cependant qu'il connaisse la nature de ces objets. S'il a, dans sa boutique, une caisse fermée, pleine d'écrits diffamatoires, et qu'il ignore cette circonstance, il n'y aura pas mise en vente. Elle ne datera que du moment où les caisses auront été ouvertes, où le libraire aura pu prendre connaissance de l'envoi.

4º Exposition dans des lieux ou réunions publics. — Les objets doivent donc être placés de telle sorte que les regards du public viennent naturellement les rencontrer. Il faut qu'ils soient en vue, c'est-à-dire dans un endroit où chacun les pourra examiner à son aise ; remplira cette condition l'écrit laissé sur la table d'un café ; il sera exposé dans un lieu public.

5º Placards et affiches. — Il y a entre ce moyen et le

précédent la différence suivante : c'est qu'il n'est plus besoin qu'ils soient dans des lieux ou réunions publics. Il suffit qu'ils soient dans un endroit où le public puisse les voir : par exemple dans une cour, au fond d'un magasin.

Depuis 1819, les lois du 25 mars 1822, du 9 septembre 1835 (article 20), le décret de 1852 (article 22), ont défendu de publier, d'exposer, de mettre en vente sans l'autorisation préable du ministre de l'intérieur à Paris, et des préfets dans les départements, aucuns dessins, gravures, lithographies, médailles, estampes ou emblèmes. Il en résulte que ces modes de publication sont devenus plus rares que par le passé. Il est vrai que cela ne s'applique pas aux imprimés, aux journaux qui sont les instruments ordinaires de la diffamation.

Cette énumération des moyens de publication est limitative. Elle est assez complète pour qu'on ne doive rien y ajouter. C'est d'ailleurs ce que l'on peut conclure d'un argument *a contrario* de l'article 14 de la loi du 17 mai 1819.

Cette loi, s'inspirant en cela des articles 367 à 374 du Code Pénal, a fait disparaître toute différence entre les délits de la parole et de l'écriture. Il eût mieux valu maintenir la distinction de la loi Romaine et du Droit Coutumier, et appliquer à la diffamation écrite, délit plus grave, une peine plus forte qu'à la diffamation verbale.

SECTION IV.

DE L'INTENTION.

Sans intention mauvaise il n'y a pas de délit; ce principe a existé de tout temps. Le Droit Romain le formulait ainsi : *Injuria ex affectu facientis consistit* ; le Droit Coutumier disait de même. Enfin, dans un rapport au Conseil des anciens, Portalis s'exprimait ainsi : pas d'injure, sans esprit d'injure.

Aussi, ni le Code Pénal de 1810, ni la loi de 1819, n'ont cru devoir reproduire cette règle par une disposition formelle. Il allait de soi, que, dans le silence de la loi, sans intention il n'y avait pas de diffamation. Quant à la jurisprudence, elle a joint l'autorité de ses décisions à celle des traditions. C'est, dit M. Dalloz (1), un point à l'abri de toute controverse.

La volonté et l'intention sont deux choses qu'il ne faut pas confondre entre elles. Ainsi un journaliste, voulant intéresser le public au malheur d'un négociant public les sinistres imprévus dont il a été victime. L'écrivain a bien la volonté dans cette hypothèse, mais il n'a pas l'intention de nuire. C'est parce qu'il s'est abusé sur les suites de son action, qu'il a eu cette volonté. Donc pas de délit : mais comme il y a dommage, il sera tenu

---

(1) V° Presse Outrage n° 875.

de le réparer aux termes de l'article 1382. La volonté a été inconsciente du mal qu'elle allait commettre ; cela est vrai : mais elle a imprudente ce qui suffit à légitimer l'action en dommages et intérêts.

La bonne foi diffère de l'intention. En principe elle n'exclut pas l'*animus injuriandi*. *Primus* est convaincu qu'un négociant est en danger de faillite ; il publie le fait qu'il croit vrai ; sa bonne foi n'est pas incompatible avec l'intention de nuire à la considération de ce négociant : il y aura donc diffamation.

Cependant dans certains cas la bonne foi ferait disparaître le délit : par exemple, *Primus* s'apercevant tout à coup qu'on vient de lui enlever sa montre ou sa bourse, crie : au voleur ! et désigne un innocent. Il y a là l'allégation d'un fait contraire à l'honneur , mais la bonne foi, l'absence de réflexion excluent l'intention de nuire.

Celle-ci existe-t-elle quand un maître donne de mauvais renseignements sur un domestique et lui impute des faits déshonorants ? Un auteur distingue deux hypothèses :

1° Les renseignements sont-ils demandés , alors pas d'intention ?

2° Sont-ils donnés spontanément la solution contraire doit être admise ?

Cette distinction est arbitraire : dans un cas , comme dans l'autre il y a confidence, partant pas de délit puisque la publicité fait défaut. Quand celle-ci existera, il y aura diffamation, car les renseignements seront donnés moins pour être utile à celui qui les demande que pour nuire au domestique. La publicité des renseignements révélera l'intention de nuire.

A qui incombe la preuve de l'*animus ?* Il en est en Droit Français comme en Droit Romain : quand les paroles ou les écrits, sont, de leur nature, diffamatoires, c'est au défendeur à prouver qu'il n'a pas eu d'intention mauvaise. La présomption contraire existe contre lui : c'est à lui de la faire tomber. La Cour de Rouen a en effet décidé que la diffamation est toujours de droit réputée avoir été faite dans l'intention de nuire (1).

Mais si la forme est irréprochable et ne renferme rien de blessant, ce sera au demandeur à prouver l'intention qui, dans ce cas, constitue à elle seule le délit.

La règle du Droit Romain d'après laquelle le juge et le demandeur pouvaient s'en rapporter à la déclaration qu'ils déféraient à l'accusé pour savoir s'il avait ou non une intention malveillante semble, à M. Chassan (2) devoir être aussi admise chez nous. Seulement il faudrait la restreindre au cas où ce serait la seule ressource qui resterait au juge pour se former une conviction. Sans cela, les diffamateurs auraient un moyen bien commode de se tirer d'un mauvais pas en faisant une fausse déclaration.

Voici, maintenant une difficulté qui se présente quelquefois dans la pratique et qui a trait à l'intention.

---

(1) 30 Déc. 1841.
(2) *Loc. cit.* T.I. p n° 47.

Un écrivain publie une pièce de théâtre ou un roman. A l'un des personnages de son œuvre, à un scélérat qu'il voue à l'exécration publique ; il donne le nom d'une personne vivante : a-t-elle le droit de se dire diffamée ?

En principe il est matériellement impossible de forcer les auteurs à s'enquérir d'avance si les noms qu'ils choisissent n'appartiennent à personne. C'est donc uniquement une question d'intention. Si l'auteur a voulu, par esprit de vengeance, livrer le nom de quelqu'un à la risée publique , dans le but de le déconsidérer , et que pour cela il l'ait dépeint d'une manière très reconnaissable ; cette preuve une fois faite, il y aura diffamation. C'est ainsi qu'un auteur contemporain a été condamné pour avoir ridiculisé son propriétaire, en donnant son nom, son caractère, ses habitudes à un de ses héros les moins recommandables. Si au contraire, cette intention n'est pas établie, si le choix du nom porté par le plaignant est purement accidentel (ce qui apparaîtra quand il ne sera pas autrement désigné) , il n'y aura pas de délit.

Dernièrement encore la question s'est posée de la façon suivante :

Un auteur célèbre, M. Paul Féval, avait placé les personnages de son roman, *la Rue de Jérusalem*, dans des localités copiées sur nature , dans un milieu analogue à celui où vivait l'individu qui se prétendait diffamé , quoique il n'eût pas été désigné par son nom. Cette prétention était-elle bien fondée ? La Cour de Paris (1) a répondu que l'auteur n'avait pas excédé son droit. « Pour qu'il y ait diffamation, il faut qu'il ait choisi ses » acteurs dans la vie réelle en les dénonçant au public » par des éléments et circonstances morales de leur » existence, plus ou moins dénaturées suivant son ca- » price. » Je crois que ce sont là les vrais principes : sans cela les auteurs contemporains en seraient réduits à imiter Mlle de Scudéry et à donner aux héros de leurs romans des noms turcs , grecs ou romains. Ils seraient aussi obligés d'apprendre la géographie galante d'alors, et de décrire sur nouveaux frais la ville de Tendre sur Inclination, les hameaux de Légèreté et d'Oubli, ou la la Cour du roi Cyrus.

Il appartiendra donc aux juges d'apprécier souverainement la question d'intention : tâche assurément bien délicate. Les tribunaux sont en effet placés entre deux écueils également difficiles à éviter : l'excès d'indulgence et l'excès de sévérité.

La définition de la diffamation étant expliquée, il reste à se demander , quelle est, dans notre Droit, l'influence de la vérité du fait allégué : comme elle s'exerce sur l'intention , c'est le moment de traiter cette question ?

La discussion de la loi de 1819 démontre que la preuve

---

(1) Roman de *la Rue de Jérusalem*. 20 mars 1872, Cour de Paris.

n'est pas admise contre les simples particuliers. M. de
Serres, disait à la Chambre des Députés : « La diffama-
» tion n'implique pas nécessairement la fausseté des
» faits : elle dénote seulement d'une part, l'intention de
» nuire, et de l'autre le dommage causé. » Une imputation parfaitement vraie constitue donc une diffamation.
La nouvelle loi sur la Presse, du 15 avril 1871, n'a rien
changé quant à ce. C'est ce que M. le duc de Broglie,
qui en était le rapporteur a déclaré de la manière la
plus formelle. Voici les termes de son rapport : « ... La
» diffamation contre les personnes privées est punie par
» la loi dans tous les cas sans qu'il soit permis à celui
» qui avance les faits diffamatoires de faire la preuve de
» ses assertions. Vraie ou fausse, fondée ou non sur des
» imputations exactes, la diffamation contre les parti-
» culiers est toujours répréhensible : l'intérêt social
» n'exigeant pas que le public soit appelé à connaître
» les torts ou les scandales qui n'atteignent que la vie
» privée (1). »

Le législateur de 1871 a donc été retenu par la même
crainte : celle du scandale, qui avait déjà arrêté le législateur de 1819. Ainsi, pas de preuve, lorsque la diffamation est dirigée contre un simple particulier.

Il en est tout autrement, lorsqu'il s'agit de dépositaires ou agents de l'autorité. On peut faire contre eux,

____

(1) Rapport de M. le duc de Broglie. du 10 avril 1871. — J. O.
du 24 et du 25 avril.

par toutes voies de droit, la preuve des faits relatifs à leurs fonctions. Quelle en est la raison ? C'est pour donner une garantie contre les abus de pouvoir, les malversations, les actes arbitraires qu'ils pourraient commettre. Si, comme le disait M. de Serres, « leur vie » privée n'appartient qu'à eux mêmes, leur vie publi- » que appartient à tous. » La révélation des vérités pri- ses dans la vie publique d'un fonctionnnaire constitue « sous le titre devenu légal de diffamation, une action » patriotique et généreuse (1). »

Voilà une première différence entre les simples parti- culiers et les fonctionnaires, en ce qui touche les impu- tations, sur des faits relatifs à leurs fonctions. Il y en a une seconde : c'est que le jury sera compétent pour con- naître des dernières : tandis que les premières seront déférées aux tribunaux correctionnels (2).

Il importe donc de savoir quels sont les simples parti- culiers, et quels sont ceux que l'article 20 de la loi du 26 mai 1819 désigne sous le nom « de dépositaires ou » agents de l'autorité, de personnes ayant agi dans un » caractère public. »

Pour ceux-ci seulement, on pourra prouver la vérité des faits diffamatoires, relatifs à leurs fonctions.

Quant aux dépositaires ou agents de l'autorité ce sont les fonctionnaires publics, et tous ceux qui sans avoir ce

---

(1) M. Bignon. Disc. à la Ch. des Députés.
(2) Art. 1 et 2 de la loi du 15 avril 1871.

titre ont cependant une délégation de l'autorité publique. Mais la difficulté devient grande quand il s'agit de préciser quels sont ceux que le législateur a voulu désigner par ces mots : personnes ayant agi dans un caractère public.

Plusieurs systèmes ont été présentés :

1º Ces mots embrassent, sans exception , tous ceux qui sont revêtus d'un caractère public. Il en résulterait, qu'un avocat, un huissier , un avoué, ayant agi comme tel, devrait être mis dans cette catégorie.

2º D'après M. Dalloz, il s'agirait uniquement des personnes qui, sans être dépositaires ou agents de l'autorité, tiennent du gouvernement un emploi institué dans un intérêt public.

3º Enfin, suivant d'autres auteurs , le législateur aurait voulu désigner par là, une seule classe de personnes : celle des fonctionnaires , qui , n'étant plus en exercice seraient poursuivis pour des faits relatifs à leurs fonctions. En effet, dit-on , cette disposition n'a été introduite que par amendement ; et la Chambre des Pairs lui a seulement attribué pour objet, « de prolonger la responsabilité des fonctionnaires , » de créer « un cautionnement moral survivant à la gestion. » Cet argument tiré des travaux préparatoires, me fait adopter cette dernière opinion.

La jurisprudence décide que les notaires, doivent être considérés comme de simples particuliers, il en est de même pour les curés d'une paroisse. Ceux-ci n'agissent

en effet que dans la mesure d'intérêts privés, et n'exercent pas une portion de l'autorité par délégation médiate,
ni immédiate du gouvernement; ils ne participent en
aucune mesure à son action (1).

Ainsi, en ce qui les concerne, eux et tous les simples
particuliers, la preuve du fait imputé n'est pas possible·
L'aticle 26 de la loi du 17 mai 1819 abroge formellement
les articles 367 et 368 du Code Pénal. Sera condamné
celui-là même qui apportera la preuve légale de ses
assertions.

Cependant la Jurisprudence a établi une différence
entre l'imputation d'un fait vrai et celle d'un fait faux.
Comment l'a-t-elle pu en présence du texte de la loi?
C'est au moyen de l'article 25 de la loi du 26 mai 1819.
Voici le texte de cette disposition :

« Lorsque des faits seront punissables, selon la loi,
» et qu'il y aura des poursuites commencées à la requête
» du ministère public, ou que l'auteur de l'imputation
» aura dénoncé ces faits, il sera, durant l'instruction,
» sursis à la poursuite et au jugement du délit de diffa-
» mation. »

La question est précisément de savoir si cet article
s'applique au cas où la victime du délit est un simple
particulier. La jurisprudence et la doctrine se prononcent pour l'affirmative. Il est de toute justice, disent-
elles, d'attendre pour statuer, sur la plainte en diffa-

---

(1) *Sic.* Trib. corr. de Chartres, 5 juin 1872. Trib. corr. de
Nevers, 11 avril 1872. Cassat., 5 déc. 1872. *Contra*, Trib. corr. de
Besançon, 31 mai 1872.

mation , dirigée contre celui qui accuse *Primus* de lui
avoir volé sa montre , que le Tribunal de police correctionnelle ou la Cour d'Assises, suivant les cas, ait
statué sur la culpabilité de *Primus*. Une règle aussi
rationnelle doit être appliquée ici, surtout quand rien ne
prouve qu'elle est spéciale aux imputations adressées
aux fonctionnaires. D'ailleurs , ce qui fera acquitter le
prévenu ce ne sera pas la vérité du fait allégué. Celle-ci
fournira seulement au prévenu le moyen d'établir la
pureté de ses intentions, l'absence de préjudice causé.
Dans tous les cas, ce sera une circonstance atténuante.
C'est ce que la Cour de Cassation a proclamé dans un
arrêt du 21 avril 1821 (1).

« Attendu que si un individu inculpé de diffamation
» se prévaut de la dénonciation des faits prétendus
» diffamatoires et invoque le bénéfice de l'article 25 de
» la loi du 26 mai 1819 ,........ il ne peut sans doute être
» complètement justifié par la vérité des faits suivant
» le principe établi par l'article 20 de la loi précitée ,
» mais que sa culpabilité et sa peine peuvent être sin-
» gulièrement atténuées suivant que l'imputation se
» trouvera vraie ou fausse. »

En Droit, est-ce que cette manière d'agir est irréprochable ? Non , certes , et M. Grellet-Dumazau le prouve
à l'évidence. Pour cela il tire argument de l'historique
de l'article 25. Celui-ci n'est, tout le monde en convient,
que la reproduction de l'article 372 du Code Pénal, qui

---

(1) *Sic*. Cour de Montpellier , 28 nov. 1841. Cass. 29 dec. 1865.

accordait le sursis dans le seul but de permettre au calomniateur d'apporter la preuve afin d'obtenir l'impunité. Donc, cette disposition ne peut s'appliquer aux simples particuliers, puisque vis-à-vis d'eux la preuve est impossible. L'article 25 est spécial aux imputations dirigées contre des fonctionnaires, car il n'y a que celles-là dont on puisse faire la preuve. Le rapporteur de la loi l'a dit aussi de la manière la plus formelle.

Les Tribunaux ont donc ici imité ce que le Préteur faisait en Droit Romain. Par un détour, ils sont arrivés à appliquer une solution moins rigoureuse que celle du législateur. Au cas de poursuites exercées par le ministère public, ou de dénonciation, lorsqu'il s'agit de faits punissables, ce n'est pas la vérité du fait allégué qui fait acquitter le diffamateur, ce serait aller directement à l'encontre de la loi. Mais alors, disent les auteurs, et les juges avec eux, l'*animus injuriandi*, n'existe plus, ou il a disparu presque tout-à-fait. Rien de mieux en équité; et il serait à désirer que cette solution fût celle de la loi, aussi bien que celle de la jurisprudence.

CHAPITRE II.

De la Poursuite.

La diffamation est un délit, et comme telle, donne lieu à deux actions : l'action publique et l'action civile. La première appartient au ministère public qui l'exerce au nom de la société ; elle aussi étant intéressée à réprimer la diffamation en tant qu'elle trouble l'ordre public. La seconde appartient à la personne diffamée qui poursuit la réparation du dommage qui lui a été causé. A chacune de ces actions sera consacrée une section particulière ; nous étudierons ensuite quelles sont les personnes qui ne peuvent être poursuivies.

SECTION I.

ACTION PUBLIQUE.

En principe, le ministère public a le droit de la mettre en mouvement sans attendre une plainte de la partie lésée. Il a une indépendance complète ; sa conscience est son seul guide. Cette règle générale admet quelques exceptions, au nombre desquelles se trouve la diffamation contre les simples particuliers.

C'est ce qui résulte des articles 1 et 5 de la loi du 26 mai 1819.

L'article 1er pose le principe et annonce l'exception :

« La poursuite des crimes et délits commis par la voie
» de la presse, ou par tout autre moyen de publication,
» aura lieu d'office et à la requête du ministère public,
» sous les modifications suivantes. »

Voici maintenant l'exception :

« Dans le cas des mêmes délits contre tout particu-
» lier, la poursuite n'aura lieu que sur la plainte de la
» partie qui se prétendra lésée. »

Cette dérogation au droit commun s'explique par la nature même du délit. Un procès en diffamation est souvent moins à craindre pour le diffamateur que pour le diffamé. Celui-ci est le meilleur juge de l'opportunité de la poursuite ; aussi la société qui est indirectement lésée, doit imiter le silence du principal intéressé, et, comme lui, rester dans l'inaction. Ce sera de la victime que dépendra la poursuite ; sans impulsion de sa part, le ministère public ne pourra agir. Comme le dit très bien M. Faustin Hélie, « l'intervention nécessaire des
» parties offensées est, dans l'intention de la loi, une
» sorte de pouvoir modérateur dont la mission est de
» n'autoriser les poursuites que lorsque de graves inté-
» rêts sont blessés. »

Après le décret organique de 1852 sur la Presse, on a dû se poser la question de savoir si l'article 27 de ce décret n'avait pas fait disparaître la nécessité de cette plainte préalable. L'article 27, disent certains auteurs, ordonne qu'à l'avenir les poursuites auront lieu dans les formes et délais prescrits par le Code d'Instruction Criminelle. D'où la conséquence que le ministère public pourra poursuivre d'office les diffamations, sans que la victime ait porté plainte. D'ailleurs la circulaire interprétative du décret, prouve que la loi du 26 mai est abrogée sous ce rapport (1).

L'opinion contraire est de beaucoup préférable. Le système précédent méconnaît la nature de la plainte. Celle-ci est loin d'être une forme de la procédure, car, pour employer l'expression de M. Dalloz, « elle pénètre » jusqu'à la racine du droit. » L'article 27 du décret précité ne lui est donc pas applicable. Décider le contraire serait en méconnaître la portée. Est-ce que ce décret a voulu changer du tout au tout les principes de la matière ? Non certes, car il se serait expliqué plus clairement sur une question de cette importance. Son but unique a été de changer la compétence, et d'enlever au jury les attributions qu'il avait en cette matière.

La Cour de Montpellier a statué en ce sens le 3 décembre 1855, et son arrêt a été confirmé par la Cour de Cassation.

Il faut donc une plainte préalable de la partie lésée, pour que le ministère public puisse agir. Ceci posé, trois questions sont à résoudre.

Première question. — Qui a qualité pour porter plainte ?

L'article 1er du Code d'Instruction Criminelle formule

---

(1) *Sic.* Cour de Limoges, 25 juin 1852.

en principe que l'action en réparation du dommage causé par un crime ou par un délit, ou par une contravention, peut être exercée par tous ceux qui ont souffert de ce dommage.

En notre matière comme en toute autre, il est vrai de dire que l'intérêt est la mesure de l'action.

Il faut donc que le dommage soit personnel. Notre droit n'admet pas la théorie de l'injure indirecte, ce que faisaient et le Droit Romain, et le Droit Coutumier. Ainsi, quand la diffamation sera dirigée contre un mineur, un interdit, abstraction faite du père, ou du tuteur, la plainte sera bien portée par ce dernier ; non pas que l'injure l'atteigne indirectement, mais parce qu'il exerce les droits de son pupille. De même n'aurait aucun effet, à défaut de mandat, la plainte formée par un père au nom de son fils majeur, ou par celui-ci au nom de son père.

Quant aux maîtres, comme ils n'ont pas qualité pour représenter leurs subordonnés, ils n'ont pas le droit de porter plainte pour le délit dont ils seraient victimes, sauf le cas où ils seraient directement atteints eux-mêmes par l'imputation.

Si la diffamation est dirigée contre une femme mariée il faut faire la même distinction. L'atteinte à l'honneur est-elle de nature à rejaillir sur le mari ; est-elle détournée, oblique, comme l'appelaient les anciens commentateurs, il a le droit d'agir en son nom ? (1)

____

(1) Cour de Poitiers, 7 juin 1872. — Le Code Pénal de la Confédération du Nord promulgué le 31 mai 1870 a reproduit la

Est-elle au contraire personnelle à la femme, la plainte du mari ne suffirait pas pour mettre en mouvement l'action publique ? Il faudrait de plus le consentement de la femme C'est elle qui doit réfléchir le plus avant de soulever un débat dont son honneur et sa considération souffriront peut-être beaucoup. Elle doit être l'arbitre de son sort.

Mais si elle se décide enfin à affronter le débat aura-t-elle pour cela besoin de l'autorisation maritale ? L'affirmative paraît bien fondée. Dans un procès qui intéresse à un même degré les deux conjoints, il faut qu'ils soient d'accord. De plus, en matière de diffamation, la plainte modifie profondément la situation de la femme : elle rend ainsi au ministère public son entière liberté. C'est donc un acte d'une gravité extrême qui doit être approuvé par l'autorité maritale.

La partie lésée aurait-elle le droit de porter plainte après qu'une transaction serait intervenue entre elle et le diffamateur sur les dommages et intérêts ? Ce point est vivement controversé. Je crois, tout bien examiné, qu'il faut répondre par la négative : cette solution étant à la fois conforme à l'équité et à la volonté probable des parties. Cette transaction ne s'expliquerait guère si on ne lui donnait pour résultat de faire disparaître l'action publique. C'est elle surtout que le diffamateur doit désirer empêcher ; s'il transige, c'est uniquement dans ce but. La question des dommages et intérêts n'est que se-

---

théorie Romaine sur l'injure indirecte; outre l'action de la partie lésée, il en existe une au profit du père ou du mari (art. 195).

condaire : c'est la poursuite du ministère public qui est le plus à craindre. Or, le droit de former plainte étant essentiellement privé, le diffamé a pu y renoncer. On ne le comprendrait plus d'ailleurs du moment que le préjudice causé par le délit est réparé.

Qu'arriverait-il si le mini-tère public, en l'absence de toute plainte émanée du diffamé avait exercé l'action publique ? Y aurait-il nullité radicale et le tribunal, devrait-il d'office la déclarer dans le cas où la victime et le prévenu garderaient tous deux le silence ? Oui, les raisons qui ont fait établir la plainte préalable commandent impérieusement cette solution. L'inaction du diffamé montre qu'il regarde la réparation pénale du délit comme plus dangereuse qu'utile. L'ordre public est donc intéressé comme lui, à ce qu'à un premier scandale ne vienne pas s'en joindre un second. Les juges doivent donc déclarer d'office la nullité afin de remplir le but que s'est proposé le législateur. Comme elle est d'ordre public elle pourra être utilement proposée devant la Cour de Cassation (1). Toutefois il en serait autrement si la plainte de la partie lésée était intervenue après la poursuite. Dans ce cas, les raisons invoquées plus haut, ne pourraient être mises en avant : la partie lésée ayant montré qu'elle ne craint pas le débat.

Deuxième question. — Quelles sont les formes de la plainte ?

Est-ce que cette plainte doit être faite suivant les for-

____

(1) Cassation, 5 avril 1867.

mes des articles 30, 48, 50, 63 du Code d'I. Cr. ? Faut-il qu'elle soit rédigée par le plaignant, remise au procureur de la République et au juge d'instruction ? La jurisprudence a décidé qu'en matière de diffamation cela n'était pas nécessaire (1). Il en résulte qu'une simple démonstration suffit, du moment qu'elle établit la volonté de poursuivre. Dans le même sens il a été jugé que le fait de signaler au maire d'une commune un placard injurieux pour soi, et lui demander de faire cesser ce candale, constitue une plainte dans le sens de la loi de 1819 (2).

M. Faustin-Hélie critique cette jurisprudence. La loi se taisant ici sur la forme que doit revêtir la plainte, on doit, dit-il, s'en référer sur ce point au Droit commun : d'autant plus que d'après l'article 31 de la loi du 26 mai 1819, les dispositions du Code d'I. Cr. auxquelles il n'est pas dérogé par la présente loi continueront d'être exécutées. Or, il n'y a pas la moindre dérogation en ce qui concerne la plainte. Cet auteur ajoute enfin un argument de considération : comme cette plainte présente des dangers, il faut qu'elle ait été faite avec maturité. Où donc en trouver la preuve si ce n'est dans l'accomplissement des formes voulues par la loi ?

En Droit cette opinion me paraît de beaucoup préférable à la précédente; quoique devant les tribunaux elle n'ait pas de chances de succès.

---

(1) Cassat. 23 février 1832.

(2) Cassat. 3 janv. 1801.—Ce principe est généralement admis en jurisprudence.—Cassat 10 mars 1865.

Aussi faut-il décider que si le diffamé intente l'action civile devant la juridiction civile, cela n'équivaut pas à une plainte : partant que le ministère public ne peut pas mettre en mouvement l'action publique. Cette solution a été contestée par plusieurs auteurs, entre autres par M. Mangin. D'après lui, la partie lésée a réclamé, car sa plainte consiste dans l'action civile, la seule qu'elle ait à sa disposition. Ici encore M. Faustin Hélie réfute victorieusement cette opinion. La partie lésée, dit-il, a le choix entre deux voies distinctes : la voie civile et la voie criminelle : si elle prend la voie civile elle limite sa réclamation à la réparation civile : elle la circonscrit à ce seul résultat. C'est assez indiquer qu'elle ne veut pas laisser le ministère public poursuivre la réparation pénale. Ce qu'elle soulève c'est uniquement une question de dommages et intérêts. Il serait injuste de ne permettre à la victime de les réclamer, qu'en mettant en mouvement l'action publique : source de nouveaux scandales et de nouvelles diffamations.

Il en serait tout autrement si le diffamé avait saisi directement le tribunal correctionnel. La Cour de Cassation (1) l'a déclaré en se fondant sur ce que la loi n'a pas obligé de porter plainte : le droit de citation directe résulte des principes généraux et des dispositions spéciales des articles 12 et 13 de la loi du 26 mai 1819. Par la citation directe de la partie civile, le tribunal correctionnel est tout à la fois saisi de l'action publique et de l'action civile. (2)

---

(1) Arrêt du 25 février 1830

(2) Cass. 23 janv. 1823 17 déc. 1824 Faustin Hélie nᵒˢ 517 et 518.

TROISIÈME QUESTION. — Quels sont les effets de la plainte ?

Une fois la plainte formée, le ministère public recouvre toute son indépendance. Il a le droit d'agir: il n'en a pas l'obligation; seulement, s'il reste dans l'inaction, le diffamé mettra en mouvement l'action publique soit par une citation directe devant le tribunal correctionnel, ou bien conformément à l'article 63 du Code d'Instruction criminelle, en se constituant partie civile devant le juge d'instruction. Mais une fois que le ministère public a cru devoir exercer l'action publique , le plaignant ne peut plus se raviser ni venir suspendre le cours de la justice. Cela est permis au mari, qui poursuit sa femme adultère: cela ne l'est pas au diffamé. C'est avant de former sa plainte qu'il doit réfléchir, et non après. Si le temps lui porte conseil, il est trop tard pour que cela lui soit utile.

Aussi, pour interjeter appel d'un jugement en matière de diffamation , le ministère public n'a plus besoin d'attendre une nouvelle plainte. Le droit qu'il a est désormais entier : l'impulsion est inutile. (1)

Qu'arriverait-il si le diffamé retirait sa plainte ? MM. Rauter et Chassan ont voulu distinguer suivant que c'était avant ou après l'exercice de l'action publique. Ce serait seulement dans le second cas que le désistement n'aurait aucun effet. Dans le premier cas, le ministère public étant resté dans l'inaction, on pourrait retirer la plainte. Cette distinction est inadmissible en théorie. La plainte a donné au ministère public le droit d'agir; ce

---

(1) M. Chassan. *Loco cit.* T. 2. p. 57.

droit ne peut lui être enlevé qu'il en ait ou non usé au moment où la partie lésée retire sa plainte. L'article 4 du du Code d'Instruction criminelle dit de la manière la plus formelle que la renonciation à l'action civile ne peut ni arrêter ni suspendre l'exercice de l'action publique. En pratique, le ministère public fera bien, toutes les fois qu'un intérêt majeur ne sera pas en jeu, de renoncer à poursuivre, de son côté, la réparation pénale d'un délit que la partie lésée veut laisser dans l'oubli.

Comment s'éteint l'action publique ?

C'est : 1° Par le décès du prévenu ;

2° Par la prescription.

Combien de temps faut-il pour qu'elle s'accomplisse ?

D'après l'article 29 de la loi du 26 mai 1819, il fallait six mois à compter du jour de la publication qui donnait lieu à la poursuite. Le décret du 17 février 1852 dans son article 27 a remplacé la prescription de six mois par celle de trois ans. Il porte, en effet, qu'en ces matières les poursuites auront lieu dans les formes et délais prescrits par le Code d'Instruction criminelle. Or, l'article 638 de ce Code dit que, pour les délits, la prescription sera de trois ans.

Cet article 27 présente deux avantages : 1° Il établit l'unité de procédure en supprimant la différence entre l'action publique et l'action privée, en ce qui concernait leur durée respective. 2° Il supprime l'anomalie qui existait dans la législation : l'action publique pour injures simples se prescrivant par un an, tandis que celle pour diffamation, délit plus grave, était éteinte au bout de six mois.

La circulaire ministérielle, interprétative du décret, est

formelle en ce sens, (1) il y est dit: « la prescription de
» Droit commun se trouve ainsi rétablie et l'article 29
» de la loi du 26 mai est abrogé. »

Il est vrai que le décret rendu par la Délégation de
Tours le 27 octobre 1870 a abrogé celui de 1852 : mais
comme il n'a pas été promulgué, il n'a pas force exé-
cutoire.

Reste à savoir si la loi du 15 avril 1871 sur la Presse
n'a pas rétabli l'ancien état de choses, et remis en vigueur
l'article 29 de la loi du 26 mai. La loi de 1871 n'a abrogé
qu'en partie le décret de 1852 et seulement dans les dispositions qui lui sont contraires. Elle a énuméré les dispositions de la loi de 1819 qu'elle remet en vigueur : or,
l'article 29 n'est pas de ce nombre. Il faut donc continuer
à appliquer le décret de 1852, car la loi de 1871 n'a rien
rien changé à la position de la question. (2)

L'action publique est-elle épuisée par la condamnation
prononcée contre un journaliste sur la plainte d'une des
personnes à qui il a imputé dans le même article des faits
déshonorants accomplis dans des conditions semblables,
mais sans aucun concert ?

La Cour de Cassation (3) a consacré la négative par un
arrêt tout récent. Il y a dans cet article unique autant
de délits distincts qu'il y a de personnes désignées par

---

(1) Circ. min. du 27 mars 1852. Voir Dalloz, année 1852 4° partie. Poursuites et délais, § 2 *ter*.

(2) *Sic*. Cassation 8 juin 1872. Cour d'Aix 11 juillet 1872. *Contra*
Faustin Hélie, T. 2, p. 680. Nancy 22 mai 1871. Limoges 12 janvier 1872.

(3) Cour de Cass. 14 février 1873.

lui au mépris public. Qu'on ne dise pas que l'unité de contexte est une raison pour qu'il doive y avoir identité entre les poursuites. L'article 5 de la loi du 26 mai 1819, accorde à tous ceux qui ont subi une lésion personnelle le droit de porter plainte et de saisir ainsi la juridiction répressive. Quant à la première condamnation, elle ne peut avoir l'autorité de la chose jugée que vis-à-vis des parties en cause. Aussi, tant que tous les éléments du délit n'auront pas été appréciés par rapport à chacune des personnes qui en ont été les victimes, l'action publique ne sera pas épuisée. Les condamnations antérieures ne doivent peser dans la balance de la justice qu'en ce qui concerne le principe de l'article 365 du Code d'Instruction criminelle sur le *non cumul* des peines.

SECTION II.

DE L'ACTION CIVILE.

L'action civile est, comme le dit M. Chassan, la poursuite elle-même exercée soit directement, soit par la partie lésée, soit avec l'aide de l'action publique. Cette action, pour exister, doit réunir nécessairement deux conditions: 1° Le fait doit être puni par la loi; 2° avoir causé un préjudice personnel à celui qui porte plainte. Cette action est d'ailleurs soumise aux règles du Droit commun.

Le diffamé peut aussi, si cela lui convient, ne pas demander la réparation pénale du délit : c'est-à-dire saisir directement le tribunal civil pour ne réclamer que des dommages et intérêts. Alors, il n'est plus nécessaire que le fait soit puni par la loi, il suffit qu'il ait causé un dommage. Le principe de l'action est dans l'article 1382 du Code Napoléon ce n'est plus l'action civile proprement dite, c'est l'action en réparation du dommage souffert qui est intentée. (1)

En pratique, l'appréciation du préjudice sera fort difficile à faire ; le tort que cause une imputation diffamatoire ne se produit pas en un jour. C'est peu à peu que l'effet s'accomplit. Comment d'ailleurs évaluer quelle en est l'importance exacte, et, si en réalité il résulte bien de l'imputation en question ? Tout cela est fort délicat, et les Tribunaux ont un pouvoir discrétionnaire sur ce point. Quand le délit a été commis par la voie de la presse, le Tribunal se contente parfois, en l'absence d'un préjudice certain, d'ordonner la suppression de l'écrit incriminé.

PREMIÈRE QUESTION. — Qui peut intenter l'action civile ?

C'est uniquement celui qui a subi le dommage. Les règles énoncées, en ce qui concerne la plainte, reçoivent donc ici leur application. Cependant, MM. Rauter et Zachariæ enseignent que les parents ont une action en réparation des injures adressées à leurs enfants. Cela est impossible à moins qu'ils n'exercent l'action au nom de ceux-ci ou qu'ils n'aient été eux-mêmes lésés par l'imputation.

---

(1) Chasean. *Loo. oit.* n°⁵ 1201 et 1202. Grellet Dumazeau.

Comme les simples particuliers , les réunions de personnes peuvent être en butte aux diffamations. Si elles constituent un être moral dont l'existence est reconnue par la loi , l'action sera intentée au nom des administrateurs de l'établissement public. Si l'un de ceux-ci a été diffamé , il exercera l'action en son nom personnel.

Si l'établissement n'est pas autorisé par la loi et n'a pas d'existence légale, la diffamation n'en sera pas moins réprimée. Seulement, l'action sera intentée par les membres eux-mêmes, à titre privé, et non par quelques-uns d'entre eux au nom de l'être collectif.

Les héritiers d'une personne décédée sont-ils fondés à porter plainte ou à exercer l'action civile , lorsque la diffamation a été commise avant sa mort?

Pour résoudre cette question il faut distinguer plusieurs hypothèses :

1° L'action a-t-elle été intentée par le défunt: dans ce cas, le Droit Romain et le Droit Coutumier accordent à l'héritier le droit de continuer le procès. Il en est de même dans notre législation moderne. Un droit est né de l'action exercée par le défunt, et ce droit faisant partie de son patrimoine, passe comme tous les autres biens à ses héritiers. Il en serait ainsi, quand même, au moment du délit les père et mère n'auraient pas été mariés et n'auraient pas eu d'enfants (1).

2° L'action n'a pas été intentée du vivant du *de cujus*. Les héritiers peuvent-ils faire ce que leur auteur n'a pas fait ? Par son silence, le défunt a montré que son inten-

***

(1) *Sic* Montpellier, 22 décembre 1825.

tion était de pardonner. De plus, il s'agit d'une action
dont le but est la vengeance : *Vindictam quærens ;* aussi
le Droit Romain et le Droit Coutumier la refusaient à
l'héritier. Il en est de même aujourd'hui : cette action
est toute personnelle au défunt, et ce serait peut-être ne
tenir aucun compte de la volonté qu'il avait de laisser
tomber l'affaire dans l'oubli.

Bien entendu, l'on suppose qu'il n'en est pas résulté
un dommage « direct, réel et particulier » pour l'héritier. Dans ce cas, étant victime du délit, il est évident
qu'il aurait l'action.

Reste une dernière difficulté à résoudre : les héritiers
ont-ils l'action civile pour la diffamation commise contre
leur auteur, depuis sa mort ? Cela revient à se demander si les morts peuvent être diffamés. Dans les Législs-
lations Athénienne, Romaine, Coutumière, l'affirmative
est certaine ; il n'y a plus à revenir sur ce point. Que
faut-il décider aujourd'hui ? Quoique la Cour de Cassation, en 1860 et en 1867, se soit inspirée de ces traditions et ait donné l'action à l'héritier, je crois cependant
l'opinion contraire de beaucoup préférable en Droit. Le
législateur de 1819 n'a pas songé à réprimer la diffamation commise envers les morts : la jurisprudence ne doit
pas suppléer à son silence. Je crois donc qu'il faut refuser l'action en diffamation dans le cas où l'imputation a
atteint seulement la mémoire du défunt, sans léser
directement les héritiers.

Si ceux-ci étaient atteints d'une manière directe, l'action en diffamation leur appartiendrait, quelque fût leur
degré de parenté avec le défunt. Ce serait leur honneur

qu'ils dé endraient alors , et non pas celui de leur auteur.

DEUXIÈME QUESTION. — Comment s'éteint l'action civile ?

1° Par la prescription de trois ans à partir de la publication.

2° Par la transaction intervenue entre le diffamateur et le diffamé sur la question des dommages et intérêts.

3° Par le pardon formellement accordé par la victime du délit. Le fait d'avoir salué le prévenu , de lui avoir serré la main , d'avoir bu ou mangé avec lui, ne semble pas devoir être admis comme mode d'extinction dans le silence du législateur.

4° Est-ce que la maxime : *Paria delicta mutuâ pensatione tolluntur* peut être invoqué de nos jours ? D'après M. Chassan (1), la compensation est toujours admissible lorsqu'il s'agit de délits privés. Cette solution ne me paraît pas devoir être admise (2). La maxime : *Paria delicta*, que l'on invoque, n'avait pas d'ailleurs , même en Droit Romain, une aussi grande généralité. De plus, les articles 65 du Code d'Instr. Crim. et 471 du Cod. Pén. sont formels dans le sens de l'opinion contraire. La provocation n'est une cause d'excuse qu'en matière d'injures simples , et non pas de diffamation.

---

(1) *Loc. cit.* T. I. p. 377.

(2) Dalloz.*Loc. cit.*, n° 1332.—Le Code Pénal de l'Empire d'Allemagne contient sur ce point la disposition suivante : Lorsqu'un individu injurié aura sur le champ répondu à l'injure , le juge pourra acquitter les deux prévenus ou l'un d'eux. (Art. 199).

SECTION III.

DES IMMUNITÉS EN MATIÈRE DE DIFFAMATION.

Le législateur Français s'est, avec raison, montré soucieux de protéger l'honneur et la considération des citoyens. Il a dû toutefois, dans certains cas, les sacrifier à des intérêts d'un ordre supérieur. Les droits individuels, quelque sacrés qu'ils soient, doivent céder le pas devant ceux de la société, lorsque ceux-ci exigent ce sacrifice. C'est ce qui résulte des articles 21, 22, 23 de la loi du 17 mai 1819. Il y a deux hypothèses où des imputations diffamatoires ne donneront ouverture à aucune action ; c'est :

1º En ce qui concerne les discours tenus dans le sein de l'une des deux Chambres ;

2º Pour les discours prononcés ou les écrits produits devant les tribunaux.

Chacune de ces immunités sera étudiée dans un paragraphe distinct.

§ I.— *Discours tenus dans le sein de l'une des deux Chambres ainsi que rapports ou toutes autres pièces imprimées par leur ordre.*

Comme en ce moment la seconde Chambre n'existe qu'à l'état d'espérance, il faut remplacer ces mots « de l'une des deux Chambres » par ceux-ci . « de l'Assemblée nationale. »

Cette disposition, qui fait jouir ces discours d'une immunité à peu près complète, était indispensable. Il faut, en effet, que les représentants de la nation n'aient pas à hésiter entre l'intérêt général du pays et la craint^e d'une action en diffamation, ou tout au moins le respect de la loi. Cette immunité, sans laquelle l'indépendance du député n'est pas entière, a été proclamée dans la Constitution du 24 fructidor an III, dont l'article 43 était ainsi conçu : « Les députés ne pourront être re-» cherchés, accusés, ni jugés en aucun cas, pour les » opinions qu'ils auront émises dans le sein du Corps » législatif. » Aussi, quoique la plupart de nos nombreuses Constitutions aient gardé le silence sur ce point, cette règle s'est imposée par sa nécessité même.

Il ne faudrait pas croire que l'orateur soit absolument irresponsable de ses paroles. Il ne l'est pas devant la Chambre qui pourra prononcer contre lui les peines fixées par son règlement ; la plus fréquente est celle du rappel à l'ordre. Une seule fois, le 3 mars 1823, l'expulsion d'un député, Manuel, a été prononcée, pour des paroles dites à la tribune.

Sauf les peines portées par le règlement, peines qui toujours sont très légères, les discours jouissent d'une immunité complète. Il en est de même pour le compte fidèle des séances publiques de la Chambre, rendu de bonne foi par les journaux. Mais si un député, ou un tiers, sans l'assentiment de celui-ci, faisait imprimer, en dehors de toute autorisation donnée par l'Assemblée, les discours qu'elle aurait entendus, l'immunité n'existerait plus. Une reproduction de ce genre aurait des inconvénients graves que M. de Serres faisait remarquer : « Le » discours livré tout seul à l'impression, parcourra tout » seul le royaume ; cependant, il n'a pas été prononcé » tout seul. » Il ne faut pas qu'on puisse lire la diffamation séparée de la réponse qui lui a été faite à l'instant, ni l'attaque sans la défense ; la seconde doit , au contraire, servir de correctif à la première.

Mais il ne faudrait pas croire que cette immunité soit un privilége spécial aux députés ; ainsi, un ministre qui ne serait pas membre de l'Assemblée, toute autre personne qui aurait qualité pour parler devant elle aurait la même immunité.

Quant aux pétitions , aux protestations contre une élection, peuvent-elles s'abriter derrière les termes de l'article 21 de la loi de 1819 ? Je crois qu'il faut distinguer ; les pétitions ne doivent pas jouir de l'impunité si elles sont diffamatoires. Il en est autrement, selon moi, des protestations, quoique un tribunal ait déclaré le contraire. Cette décision est trop rigoureuse pour être juste. Ce serait restreindre singulièrement le droit de protestation ; il serait exercé bien rarement si l'on avait en perspective une poursuite en diffamation, qui exposerait à l'amende et à la prison. De plus , lorsque l'Assemblée statue sur la validité d'une élection, elle est, pour ainsi dire , constituée en tribunal ; la protestation devrait donc jouir de l'immunité, sinon en vertu de l'article 21, au moins en vertu de l'article 23 de la loi du 17 mai 1819.

En résumé, comme l'a dit un éminent magistrat, « l'indépendance du député lorsqu'il opine, n'est pas » seulement son droit, c'est aussi la garantie de la na- » tion ; la liberté de la tribune est la sanction de celle » des élections.... (1) »

Que faut-il décider en ce qui concerne les conseils généraux, les conseils municipaux ou d'arrondissement?

Aucune disposition de loi n'ayant établi d'immunité en leur faveur, il faut la leur refuser : tous les priviléges sont en effet de droit étroit.

Aussi, quand les membres de ces conseils prononce- ront des discours diffamatoires ils seront punissa- bles. Seulement, pour celles de ces séances qui ne sont pas publiques, celles des conseils municipaux (2) par exemple, les propos incriminés, ne seront que des inju- res verbales qui, aux termes articles 376 et 471 n° 11 du Code Pénal seront punissables de peines de simple police. C'est ce que la Cour de Cassation a décidé dans un arrêt du 22 janvier 1863.

§ II. — *Discours prononcés ou écrits produits devant les tribunaux.*

Cette seconde immunité était non moins nécessaire que la première. Pour que les tribunaux soient à même de rendre bonne justice , il faut que les parties en cause

---

(1) Etude sur M. le comte de Serres par M. Salmon, premier président à la Cour d'appel de Douai, p. 123.
(2) *Sic* C. de Cass. 23 novembre 1871.

aient la liberté de les éclairer complètement, et même aux dépens de l'honneur ou de la considération de leurs adversaires. Sans le droit de tout dire la défense est désarmée. Cela a toujours été reconnu. Ainsi , en Droit Romain la faculté d'insulter, de diffamer son adversaire, « *conviciandi et maledicendi* » n'avait pour limite que l'intérêt des plaideurs; les avocats avaient le droit de dire tout ce que réclamait leur cause : « *agere quod causa de* » *siderat.* » Il en était de même en France avant 1789.

Cependant , l'on a aussi toujours reconnu que cette liberté ne devait pas dégénérer en abus : c'est à la défense et non pas à la haine ; aux arguments et non aux insultes que le champ est laissé libre : *ratione, non probris decertandum* (1).

Le législateur de 1810 donnait aux juges du procès le pouvoir de prononcer la suppression des injures ou écrits injurieux : de faire des injonctions aux auteurs du délit, de les suspendre de leurs fonctions , et de statuer sur les dommages et intérêts.

Si les injures ou écrits avaient le caractère de calomnie grave , et que les juges saisis de la contestation n'eussent pas le pouvoir de connaître du délit , ils devaient renvoyer devant le tribunal compétent, sauf à prononcer contre les prévenus une suspension provisoire de leurs fonctions.

La loi de 1819, dans son article 23, a abrogé l'article 377 du Code Pénal : Voici comment il est conçu :

« Ne donneront lieu à aucune action en diffamation

---

(1) Code. Loi 6, § 1. *de Postulando.*

» ou injure, les discours ou les écrits produits devant
» les tribunaux : pourront néanmoins les juges saisis
» de la cause, en statuant sur le fond, prononcer la
» suppression des écrits injurieux ou diffamatoires, et
» condamner qui il appartiendra en des dommages et
» intérêts. »

« Pourront toutefois les faits diffamatoires étrangers
» à la cause donner ouverture, soit à l'action publique,
» soit à l'action civile des tiers. »

Ainsi, la loi de 1819, et c'est la principale différence
qui existe entre elle et le Code de 1810, distingue les
faits diffamatoires étrangers à la cause, de ceux qui ne
le sont pas : cette innovation est des plus équitables.

Le premier membre de phrase, pose en principe que
les discours ou écrits ne donneront lieu à aucune action :
le second indique une restriction : quelle en est l'étendue ? Est-ce que la deuxième partie de l'article n'enlève
l'immunité accordée par la première ? On pourrait tirer
un argument en ce sens du rapport de M. de Broglie à
la Chambre des Pairs. Il n'en est rien cependant. Autre
chose est la réparation pénale en matière de diffamation :
autre chose, la condamnation mentionnée par le 2e paragraphe de l'article 23. La première consiste dans une
amende ou un emprisonnement infligé au coupable : la
seconde est toute différente. C'est le tribunal saisi de la
cause, qui, en statuant sur le fond, prononcera la suppression des écrits injurieux ou diffamatoires, et condam-
nera qui il appartiendra en des dommages et intérêts.
C'est lui qui fera des injonctions aux avocats et officiers
ministériels, ou même les suspendra de leurs fonctions.

Le tribunal saisi sera plus apte que tout autre à proportionner la peine au délit, puisqu'il en aura été le témoin,
qu'il aura vu d'où venaient les torts , et s'ils étaient ou
non de nature à admettre une excuse.

En résumé, les faits relatifs à la cause ne donneront
jamais lieu à une action en diffamation ; seulement le
tribunal pourra, quand les discours ou écrits sortiront
des limites de la défense, se servir des moyens que l'article 23 met à sa disposition.

Première question.—Quelles sont les personnes qui
jouissent de cette immunité et devant quels tribunaux ?

Quant aux personnes ce sont toutes celles qui, soit en
leur nom , soit au nom d'autrui, proposent des écrits
ou prononcent des discours devant les tribunaux. Au
premier rang, sont les parties elles-mêmes , leurs avocats , avoués , agréés , huissiers. Il en serait de même
pour les magistrats qui ont pour mission de parler devant les tribunaux. Des auteurs contestent cette solution
et rattachent l'immunité soit à l'article 367 du Code
Pénal, soit au caractère même dont ils sont revêtus. Il
me semble plus exact de dire avec M. Dalloz que l'immunité vient de l'article 23 : les termes de cette disposition sont assez généraux pour cela.

Aussi , a-t-il été jugé qu'une Cour d'appel avait le
droit d'apprécier un fait qui constitue un des éléments
du procès : de le discuter, de consigner dans les motifs
de son arrêt, l'opinion qu'elle s'en est formée (1). Mais
serait possible la prise à partie d'un tribunal à raison

____

(1) Cour de Cass , Arrêt du du 22 février 1865.

d'un jugement contenant des imputations diffamatoires sur des faits étrangers au procès, inutiles à sa solution. Si le ministère public croyait devoir agir, il le ferait, en mettant en mouvement l'action publique et alors le plaignant ne serait plus obligé de recourir à la prise à partie : il aurait la faculté d'intervenir dans l'instance introduite par le ministère public.

Quant aux membres du ministère public, ils doivent en principe avoir toute la latitude nécessaire ; mais ils seraient responsables s'ils dépassaient les limites que doit respecter celui-là surtout, qui requiert l'application des lois. Il faudrait bien entendu que le plaignant établit à sa charge, la mauvaise foi et l'intention de nuire.

Que doit-on entendre par le mot tribunaux ? Ce sont tous les tribunaux, quelle que soit leur juridiction : par exemple les Justices de Paix , 'les Conseils de Pru'hommes , de Préfecture , d'Etat , la Cour des Comptes , les Tribunaux de Commerce.

Le question est douteuse : 1° pour les bureaux de conciliation. Je crois toutefois, avec M. Dalloz, que ceux-ci étant « comme le portique du temple de la justice, » l'immunité existe. Les parties ne peuvent en effet y garder le silence , sans que plus tard on n'en tire parti contre elles ; il faut donc que leur liberté de paroles ou d'écrits soit entière (1).

2° Pour les arbitres. — Ici , plus d'immunité, et pour une bonne raison, c'est qu'elle me semble inutile. Les

---

(1) *Sic.* Cassat. 19 nov. 4 mars 1869.

débats devant les arbitres manquent totalement de publicité : or , il n'y a pas de diffamation sans publicité.

DEUXIÈME QUESTION. — Quels sont les discours et les écrits relatifs à la cause ?

1° Discours. — Ce sont ceux qui renferment des raisons et non des insultes : *Rationes non probra.* L'imputation d'un fait diffamatoire , lorsqu'elle est nécessaire , sera donc impunie , à la condition qu'elle ait été prononcée devant les juges. Il y aurait délit si c'était hors de leur présence , devant le public et les avocats seulement , ou bien après la reddition du jugement.

2° Écrits. — Sont relatifs à la cause ceux qui servent à amener le jugement : tels sont les mémoires , imprimés , manuscrits rédigés pour former la conviction du juge, ou constituant des actes de procédure. Quel que soit cet écrit, il doit avoir été produit, c'est-à-dire, avoir passé sous les yeux des magistrats pendant la durée de l'instance. La production n'est donc pas une notification régulière : c'est simplement la distribution aux magistrats qui ont à juger l'affaire. Point n'est besoin davan. tage que l'écrit soit signé par un avocat, ou un avoué : s'il est anonyme on le présumera l'œuvre de la partie. Celle-ci pourra faire tomber la présomption en faisant la preuve du contraire.

Ce serait méconnaître l'intention du législateur que d'appliquer l'immunité lorsque l'écrit au lieu d'être distribué aux magistrats l'a été aux personnes du dehors. Cette distribution n'était d'aucune utilité à la partie : elle ne peut donc être protégée par l'article 23 dont le seul but a été de consacrer la liberté de la défense. Elle n'est pas ici en jeu.

Si l'on remettait quelques exemplaires à des magistrats qui ne sont pas juges dans l'affaire, ou à des membres du barreau, l'immunité existerait néanmoins. Seulement il faudrait que l'absence d'intention malveillante fût bien établie : l'*animus injuriandi* exclurait le privilége.

Troisième question.—Qu'arrivera-t-il quand les discours ou les écrits seront étrangers à la cause ?

La question de savoir si oui ou non les faits sont étrangers à la cause présentera de grandes difficultés. Ce sera au tribunal saisi de la contestation de les résoudre sur la demande des parties lorsqu'elles feront réserver l'action civile à leur profit. Les juges apprécieront si ces réserves doivent être accueillies ou rejetées. Si le plaideur diffamé gardait le silence, on le regarderait comme n'ayant attaché aucune importance aux paroles, et aux écrits en question. S'il ne s'émeut qu'après coup, une fois le procès terminé, il est trop tard, l'action civile est perdue pour lui.

Bien plus, d'après M. Chassan, il faut une deuxième condition : c'est que les faits aient été déclarés étrangers à la cause : « sans cela, l'action publique ou privée » quoique réservée n'est pas recevable. »

En l'absence de réserve, le plaignant ne peut plus exercer l'action civile : cela est incontestable : la règle est-elle la même en ce qui concerne la mise en mouvement de l'action publique : a-t-il perdu le droit de porter plainte ?

Sur ce point deux systèmes :

1º MM. de Grattier et Grellet-Dumazeau soutiennent la négative. Ils l'appuient : sur un argument tiré des travaux préparatoires de la loi, et sur les caractères de l'action publique, qui, de sa nature, n'a pas besoin d'une réserve que le juge accorderait ou refuserait à son gré.

2º L'opinion contraire, qui est celle de MM. Chassan, Mangin et Parant, est préférable. Selon ces auteurs, l'exercice de l'action publique est soumis à l'existence de la réserve. L'argument tiré des travaux préparatoires est loin d'être concluant, car les passages cités ont trait à l'article 23 du projet, et non à l'article 23 tel qu'il a été voté. De plus, le ministère public a les mains liées, il ne peut poursuivre que sur la plainte de la partie offensée. Comme le dit fort bien M. Dalloz, l'action publique n'est que « le satellite de l'action privée. » Elle ne peut être exercée que sur la plainte de la victime, partant, si le diffamé a perdu le libre exercice de son droit, la fin de non-recevoir qui l'empêcherait d'introduire valablement une action civile, sert aussi d'obstacle à l'action publique.

Ainsi, pour l'une et l'autre, les réserves sont indispensables. Cette nécessité n'existe d'ailleurs que dans un intérêt privé. Il en résulte que le défendeur qui n'aura pas invoqué cette exception en première instance, ne le pourra plus en appel (1).

---

(1) Chambre des requêtes, 7 août 1844

Il y a cependant un cas , où , en l'absence de toutes réserves, les actions, civile et publique pourront être intentées. C'est quand les faits diffamatoires auront été allégués contre un tiers. Seulement , il faudra pour cela qu'ils soient étrangers à la cause : il n'y aurait pas de poursuite possible s'ils étaient relatifs au procès.

D'après M. Dalloz cette condition serait inutile , car un tiers peut être diffamé par des imputations relatives à la cause , aussi bien que par des faits qui y sont étrangers, et comme il ne peut pas plus intervenir dans un cas que dans l'autre, la solution doit être la même.

M. Chassan est d'un avis contraire. Il serait très dangereux, dit-il, que les tiers eussent la faculté d'apprécier les moyens fournis par les deux parties. D'ailleurs, la disposition de l'article 23 est générale et absolue , et la discussion qui a eu lieu à la Chambre établit qu'elle s'applique aussi bien aux tiers qu'aux parties en cause. Seulement, les uns et les autres pourront demander aux juges saisis de la cause, la suppression des écrits diffamatoires pour eux, et les dommages et intérêts auxquels ils peuvent donner lieu. Ce ne sera pas l'action en diffation qu'ils exerceront : ce sera celle fondée sur le principe de l'article 1382 du C. N. (1).

Quels sont ceux désignés sous le nom de tiers par la loi de 1819 ? Ce sont tous ceux qui ne figurent pas au procès ; c'est-à-dire les personnes autres que les parties ou leurs représentants (2). Ne sont donc pas des tiers ,

----

(1) Cass , 2 juillet 1866.
(2) C de Cass., 31 janvier 1873.

avocats, les avoués, les agréés , qui sont chargés des intérêts du demandeur ou du défendeur. S'ils viennent à être diffamés , le tribunal devant qui s'est accompli le délit, doit en punir immédiatement l'auteur, soit d'office, soit à la demande de la victime, sinon , il aurait l'impunité.

Serait au contraire un tiers dans le sens de l'article 23 , celui qui a été le conseil de l'un des plaideurs : peu importe qu'il fût ou non avocat. Il est étranger au procès : son silence, ou celui des juges ne prouve donc rien contre lui. Je crois qu'il faut lui assimiler le témoin.

Ce qui vient d'être dit peut être résumé dans les propositions suivantes :

1° Pas d'action en diffamation quand les faits sont relatifs à la cause : peu importe qu'ils aient été allégués contre les parties ou contre un tiers. Bien entendu les juges pourront si bon leur semble, prononcer, en statuant sur le fond , ou la suppression des écrits , ou des peines disciplinaires contre les coupables : lorsque ce sont des avocats, avoués, etc.

2° Les faits sont-ils étrangers à la cause : il faut distinguer entre les parties et les tiers :

1° Les parties ont-elles demandé la réserve de l'action aux tribunaux, elles pourront porter plainte, ou intenter l'action civile, à leur choix. N'ont-elles pas obtenu , ou réclamé la réserve, elles n'auront ni l'action civile, ni le droit de porter plainte : partant, le ministère public n'aura pas la faculté de poursuivre.

2° S'agit-il d'un tiers? — Dans tous les cas, l'action publique comme l'action civile pourra être intentée sans qu'il soit besoin de réserves.

CHAPITRE III.

De la Compétence et de la Procédure.

SECTION I.

DE LA COMPÉTENCE.

Deux questions sont ici à résoudre : 1° De la compétence territoriale, c'est-à-dire quel est le ressort particulier dans lequel sera jugée l'affaire ? 2° Quelle est la juridiction qui sera saisie, ou de la compétence de juridiction ?

1° Compétence territoriale. — Il faut examiner la question au point de vue de l'action publique et de l'action civile.

Action publique. — L'article 12 de la loi du 26 mai 1819 donne la solution cherchée. Dans le cas où les formalités prescrites par les lois et réglements concernant le dépôt, auront été remplies, les poursuites pourront être faites soit devant les juges du lieu où le dépôt aura été opéré, soit dans les lieux où les écrits et autres ins-

truments de publication auront été saisis. Les lois posté-
rieures n'ont pas abrogé cet article.

Ainsi , les poursuites auront lieu : 1° Devant le
juge de l'endroit où le dépôt aura été opéré. Cette dispo_
sition présente l'avantage de déterminer d'une manière
fixe la compétence du tribunal : le dépôt se constate par
un certificat.

On présume qu'en fait la publication s'est opérée là
où le dépôt a été effectué.

2° Devant le tribunal de la résidence du prévenu. Le
juge du fait appriéciera quelles sont les conditions nécessaires à la résidence.

Si le dépôt prescrit par la loi n'a pas été fait , l'on
pourra agir soit devant le tribunal de la résidence, soit
devant celui du lieu où la saisie des écrits ou autres
instruments de publication aura été opérée. Que faut il
entendre par ces mots : autres instruments de publication ? — Ce sont les gravures , écrits et autres objets de
même nature. Il ne faut donc pas interpréter la loi en
disant que la saisie des caractères trouvés en formes ou
des presses, déterminerait la compétence du tribunal. Il
ne s'agit évidemment ici que de l'écrit ou du dessin, qui
devait être déposé.

Souvent la saisie aura lieu dans un endroit différent
de celui où la publication a été faite. Un livre ou un jour
nal imprimé à Paris , est , saisi à Douai , par exemple.
L'action ne sera portée devant le tribunal de Douai que
dans le cas où le dépôt n'a pas été effectué à Paris et si
le prévenu n'a pas de résidence connue.

Enfin , cet article 12 ne s'applique qu'aux modes de publication pour lesquels la formalité du dépôt est praticable. S'il s'agissait d'un manuscrit , d'une peinture , de discours diffamatoires, alors les règles du Droit Commun seraient applicables , c'est-à-dire les articles 23, 63 , 69 , du Code d'Instr. Crimin. On aurait le choix entre trois Tribunaux : 1° Celui du lieu où le délit a été commis , 2° celui de la résidence de l'auteur présumé du fait ; 3° celui du lieu de l'arrestation.

Action civile. — Dans tous les cas , dit l'article 12, § 3 , la poursuite à la requête de la partie plaignante pourra être portée devant les juges de son domicile lorsque la publication y aura été effectuée.

C'est une faveur accordée au diffamé. Elle s'explique par la considération qu'on n'a pas voulu forcer la victime du délit à soutenir au loin un procès. C'est d'ailleurs au lieu de son domicile , là où elle est connue , là aussi où le délit a été commis , qu'il doit être réprimé ; l'intérêt de son honneur l'exigeait. On peut donc renoncer à ce privilége ; dans ce cas l'on observera les règles du Droit Commun relatives à la compétence. Le diffamé aura donc le choix entre le juge du lieu du dépôt , celui de la résidence du prévenu , celui de son propre domicile. Dans ce dernier cas, il s'agit du domicile et non de la résidence du plaignant : celle-ci n'étant pas fixe, pouvant varier, puisque l'on peut en avoir plusieurs ; on n'a pas voulu , par des rigueurs inutiles , aggraver la position du prévenu.

2° Compétence de juridiction.

D'après l'article 14 de la loi de 1819, les délits de diffamation verbale contre toute personne, et ceux de diffamation par une voie de publication quelconque contre les particuliers, étaient de la compétence des Tribunaux de police correctionnelle, sauf les cas attribués aux Tribunaux de simple police.

Cet article, dont il n'a été cité que la partie relative aux simples particuliers, est resté en vigueur en ce qui les concerne. Les lois du 25 mars 1822, 8 octobre 1830, le décret du 31 décembre 1851—5 janvier 1852, ont maintenu la compétence des Tribunaux correctionnels. La loi du 15 avril 1871, qui rend au jury ses anciennes attributions en matière de procès de presse, n'a pas non plus innové en ce qui concerne notre sujet. La preuve s'en trouve dans le § 2 de l'article 2 : « Les Tribunaux » correctionnels continueront de connaître des délits de » diffamation concernant les simples particuliers. » Il résulte de ce mot « contiinueront » qu'en ce qui touche la compétence, rien n'a été changé au passé. C'est ce que disait le rapporteur de la loi, M. le duc de Broglie, le 10 avril 1871 :

« Dans toutes les lois antérieures qui ont consacré la » juridiction en matière de presse, une exception a été » faite pour les délits de diffamation concernant les » simples particuliers...... La diffamation, dans ce cas, » n'est qu'un fait d'une constatation très facile, et qui

» ne semble pas devoir amener l'épreuve , toujours so-
» lennelle, d'un débat devant la Cour d'Assises (1). »

La circulaire du garde des sceaux , en date du 23 avril 1871, n'est pas moins formelle en ce sens. Il n'y a donc pas de doute possible sur ce point : les prévenus de diffamation seront poursuivis devant les Tribunaux de police correctionnelle , et la procédure sera celle que le Code d'Instr. Crim. a organisée pour les délits.

De la compétence des Tribunaux civils.

Le Juge-de-Paix a reçu de la loi (2) de 1838 la connaissance sans appel jusqu'à la valeur de 100 francs , et à charge d'appel, à quelque valeur que la demande puisse s'élever des actions civiles pour diffamation verbale , lorsque les parties ne se sont pas pourvues par la voie criminelle. Du moment que la juridiction criminelle aura été régulièrement saisie, celle des Tribunaux civils devra se déclarer incompétente. Il en serait tout autrement si le Tribunal correctionnel avait été saisi à tort d'une action pour diffamation verbale. Quel est le but de la loi ? C'est de n'accorder qu'une seule action , à la même personne , pour un même délit. Le Tribunal correctionnel devant se déclarer incompétent, ce but sera atteint.

La disposition de la loi de 1838 n'a pas été abrogée

---

(1) *J. O.* des 24 et 25 avril 1871, n° 120.
(2) Loi du 25 mai 1838, art 5, § 5.

par la loi du 15 avril 1871 : il en résulte que la compétence des Juges-de-Paix doit être la même que par le
passé.

Ils connaîtront aussi des actions civiles pour diffamation écrite, lorsque la valeur de la demande n'ex-
cédera pas les limites de leur compétence générale
quant aux actions purement personnelles. Ils ont enfin,
dans leurs attributions , les cas de diffamation non
publique ; pour cela , il suffit que l'imputation ait le
caractère légal de la diffamation tel qu'il est déterminé
par l'article 13 de la loi de 1819 (1).

SECTION II.

DE LA PROCÉDURE.

Les Tribunaux correctionnels étant compétents, à
l'exclusion du jury, pour connaître des diffamations
dirigées contre les simples particuliers, il n'y a pas
de règles spéciales. Celles qui sont en vigueur sont
celles du Code d'Instruction Criminelle sur la poursuite des délits ; elles ne seront donc pas exposées ici.

Cependant, l'article 6 de la loi du 26 mai 1819 avait
introduit une restriction à l'article 183 du Code d'Instr.
Crim. Le premier exigeait que la réquisition adressée

---

(1) Cassation, 31 mai 1864.

par le ministère public au juge d'instruction, contînt l'articulation et la qualification des faits. Pareille règle existait en Droit Romain. L'article 183 du Code d'Instr. Crim. se borne, au contraire, à exiger l'énonciation des faits, sans édicter, comme le fait l'article 6, la nullité de la poursuite pour le cas où cette condition ne serait pas observée.

Qu'est-ce que articuler ? C'est énoncer d'une manière claire, détaillée, article par article, les délits qui motivent la plainte. Qualifier c'est désigner, déterminer, appeler par son nom le délit dont on demande la répression : dire si c'est une diffamation ou une injure, par exemple.

Le décret de 1852 qui n'est pas abrogé sur ce point par la loi de 1871, a, par son article 27 fait disparaître les articles 6 et 7 de la loi de 1819 en décidant qu'à l'avenir les poursuites auraient lieu dans les formes et délais prescrits par le Code d'Instruction Criminelle. — Donc en ce qui concerne les plaintes, réquisitions, saisies, en un mot, en tout ce qui n'a pas trait au fond du droit, mais à la procédure, les dispositions de la loi de 1819 ne sont plus en vigueur.

Voici les termes de cette circulaire : « L'article 27 de » la loi du 17 février 1852 en rétablissant le Code d'I. » Cr. a nécessairement abrogé tout ce que la loi du 26 » mai avait établi de contraire à ce Code, quant aux for- » mes et aux délais de la poursuite. On doit donc con- » clure d'une manière générale que la loi du 26 mai est » abrogée sous ce rapport. »

« Ainsi, par exemple, les articles 6 et 15 qui avaient
» soumis les plaintes , les réquisitions , les citations ,
» ainsi que les Ordonnances de la Chambre du Conseil ,
» et même les arrêts à des formes qui ne sont plus celles
» du Code d'I. Cr...... Les articles 7 et 8 qui assujettis-
» saient également la saisie à des formalités exception-
» nelles sont abrogés (1). »

L'arrestation préventive des inculpés peut-elle avoir
lieu en matière de diffamation, et, cela, bien qu'ils aient
offert caution pour obtenir la mise en liberté provisoire?

D'après le Droit Commun, la liberté provisoire «peut»
quand le fait entraine une peine correctionnelle , être
acccordée au prévenu, sur sa demande, par la Chambre
du Conseil. Il doit fournir caution de se représenter à
tous les actes de la procédure, et pour l'exécution du
jugement, à la première réquisition.

Aux termes de la loi du 26 mai 1819, article 28, la
mise en liberté provisoire moyennant caution « doit »
être accordée dans tous les cas. La question est de savoir ce qu'a fait le décret de 1852. A-t il abrogé l'article
28 de la loi de 1819 en disant dans son article 27 que les
poursuites auraient lieu « dans les formes et les délais »
du Droit Commun ?

Je crois qu'il faut répondre par la négative. La mise
en liberté provisoire n'est pas une question de formes.

---

(1) Circul. ministér. du 27 mars 1852 , § 2 *bis*. — Des poursuites
et formes

D'ailleurs la circulaire ministérielle ne mentionne pas l'article 28 parmi ceux que le décret a abrogés. La loi du 14 juillet 1865 sur la détention préventive et la mise en liberté provisoire a fait disparaître toute incertitude en décidant qu'en matière correctionnelle la mise en liberté est de droit, quand le maximum de la peine prononcée par la loi est inférieur à 2 ans d'emprisonnement. La peine en matière de diffamation ne dépasse pas ce maximum.

Pouvoirs de la Cour de Cassation. — Le domaine des constations de faits, qui appartient exclusivement aux tribunaux correctionnels, est séparé de celui des appréciations de Droit, sur lesquelles la Cour de Cassation a un droit de révision, par une limite qui est assez mal défuie.

Un principe constant en jurisprudence (1), est que la Cour suprême se réserve le droit d'apprécier si la qualification donnée par le juge correctionnel à des propos ou écrits, publiés avec l'intention de nuire, est bien exacte : de voir, s'ils constituent une diffamation ou une injure, et de réviser s'il y a lieu, la qualification primitive. Le prévenu et la partie civile, du moment qu'elles y ont intérêt, sont l'un et l'autre recevables à provoquer la révision de la qualification donnée par le juge correctionnel.

---

(1) Cass., 23 nov. 862, 21 nov. 62, 31 déc. 63.

Quant à la question intentionnelle, elle est souverainement appréciée par le juge du fait : la Cour de Cassation ne peut quant à ce exercer son Droit de contrôle (1).

---

(1) 21 nov. 1862, C. de Cass

CHAPITRE IV.

Des peines en matière de diffamation.

Nous étudierons successivement les trois points suivants :

1º Quelles sont les peines ?

2º Contre qui sont elles prononcées ?

3º Des circonstances qui peuvent les modifier, en plus ou en moins.

SECTION I.

QUELLES SONT LES PEINES.

L'article 18 de la loi du 17 mai 1819 est ainsi conçu : La diffamation envers les particuliers sera punie d'un emprisonnement de cinq jours à un an, et d'une amende de 25 francs à 2000 francs, ou de l'une de ces peines seulement, selon les circonstances.

L'article 26 de la loi du 26 mai de la même année, ordonne la suppression des objets saisis, de plus l'insertion et l'affiche de l'arrêt pourront être prononcées aux frais du condamné.

La loi du 9 juin 1819 a fait une distinction entre la presse périodique et les autres moyens de publication ; dans ce dernier cas les dispositions précédentes seront appliquées : dans le premier, les amendes pourront être élevées au double. Les juges auront un pouvoir discrétionnaire quant à ce. En cas de récidive, l'on appliquera forcément les règles du Code Pénal, et l'amende pourra être élevée au quadruple.

La loi des 18-23 juillet 1828 est venue renchérir sur ces rigueurs. Les amendes encourues pour délit de publication par la voie d'un journal ou écrit périodique ne seront jamais moindres du double du minimum fixé par les lois relatives à la répression des délits de presse.

Enfin, la loi du 9 septembre 1835 a permis d'élever au double du maximum, soit pour l'emprisonnement, soit pour l'amende, les peines de la diffamation, et d'interdire en outre le coupable en tout ou en partie des droits mentionnés dans l'article 42 du Code Pénal pendant un temps égal à la durée de l'emprisonnement. Cette disposition n'est plus aujourd'hui en vigueur, le décret des 6-8 mars 1848 ayant abrogé la loi du 9 septembre.

SECTION II.

CONTRE QUI SONT-ELLES PRONONCÉES ?

Lorsque le délit est commis par la voie de la presse, les coupables peuvent être nombreux. « La raison indique, disait M. Emile de Girardin, que les délits de presse, comme tous les autres délits, peuvent être l'œuvre collective de plusieurs agents qui se sont distribué les rôles. Celui-là est le provocateur du délit, il a subjugué par son influence, séduit par ses promesses ou par son or ; tel autre a fourni les renseignements pour la diffamation : un troisième a tenu la plume et rédigé le libelle, l'imprimeur s'est associé volontairement à l'œuvre de la calomnie : tous ont concouru au même délit, chacun par des actes différents. (1) »

Il y a deux sortes de coupables : les uns sont les auteurs principaux : les autres, les complices. Il ne sera ici traité que de la complicité spéciale aux délits de presse : celle des vendeurs, libraires, distributeurs, imprimeurs de libelles diffamatoires. Cette complicité particulière ne peut naturellement exister lorsqu'il s'agit de diffamation verbale : celle-ci n'admet que la complicité de Droit Commun : la diffamation par la voie de la presse, admet, en outre cette complicité spéciale.

Celle-ci s'applique : 1° aux imprimeurs.—Par là, il faut entendre le chef de l'imprimerie et non les ouvriers. Quant au premier, s'il a rempli les formalités édictées par la loi de 1814, il ne peut être poursuivi pour le seul fait de l'impression, à moins qu'il n'ait agi sciemment. Ce sera au ministère public de prouver que, outre la con-

---

(1) J La *Presse*, 16ᵉ année, n° 3,998.

naissance matérielle des articles , l'imprimeur a eu l'intention de se rendre coupable d'un délit de diffamation.

2° Quant aux libraires , ils ne jouissent pas de cette faveur, l'article 24 de la loi du 17 mai 1819 ne la leur ayant pas accordée comme aux imprimeurs. Ce silence est significatif. S'ils prouvaient qu'ils n'ont pas eu l'*animus injuriandi* , ils ne seraient pas condamnés, en vertu du principe que , sans intention , il n'y a pas de délit. Contre eux, comme contre les imprimeurs, il semble vrai de dire que l'action en réparation du dommage sera donnée. L'article 1382 du Code civil servirait de base à cette réclamation.

3° Aux vendeurs, distributeurs, crieurs, afficheurs. On les considère comme coupables. Ils sont poursuivis pour avoir donné au libelle la publicité , sans laquelle il n'eût pas été nuisible à autrui. D'après M. Chassan, toutes ces personnes doivent avoir agi *malo animo*. Cette présomption existera contre eux quand l'imprimé ne portera ni le nom de l'auteur ni celui de l'éditeur. Dans le cas contraire, plus de présomption : ce sera au ministère public à établir qu'ils ont eu une intention mauvaise. (1)

____

(1) T. 1, n° 211. *Loc. Cit.*

SECTION III.

DES CIRCONSTANCES QUI MODIFIENT LA PEINE EN PLUS OU EN MOINS.

Cette section sera divisée en trois paragraphes :

1° Des circonstances atténuantes. 2° De la récidive. 3° Du cumul des peines.

§ Ier.—*Circonstances atténuantes.*

La loi de 1819 n'avait pas permis l'admissibilité des circonstances atténuantes en ce qui concernait les délits de la presse. Controversée d'abord, la question ne pouvait plus l'être après la loi de 1822 qui n'accordait ce bénéfice que dans certains cas spéciaux. Il était donc évident que la règle générale était en sens contraire. En 1832 , la révision du Code Pénal avait laissé, quant à ce, subsister l'ancien état de choses.

Mais l'article 8 de la loi du 11 août 1848 en ce qui concernait les délits de la presse et l'article 23 de la loi du 27 juillet 1849 pour les délits de publication, ont introduit le bénéfice des circonstances atténuantes. Il n'est pas formellement établi pour la diffamation , mais il est invraisemblable que les auteurs de cette loi aient voulu l'en exclure quand ils en faisaient jouir des délits bien plus graves.

Le décret du 17 février 1852 n'a pas modifié la loi de 1849, car aucune de ses dispositions n'est contraire à ce que l'article 463 du Code Pénal soit appliqué à la diffamation verbale. La jurisprudence de la Cour de Cassation a plus d'une fois statué en ce sens. (1) La loi du 11 mai 1868 contient d'ailleurs une disposition formelle sur ce point: « L'article 463 est applicable aux crimes , délits » et contraventions commis par la voie de la presse. »

§ II.—*De la récidive.*

L'article 25 de la loi du 17 mai 1819 dit, qu'en cas de récidive des crimes et délits prévus par la présente loi , il pourra y avoir lieu à l'aggravation des peines prononcées par le chapitre IV, livre I du Code Pénal.

En ce qui concerne les délits commis dans les Écrits périodiques, la loi du 9 juin 1819 a rendu l'aggravation de peine obligatoire au cas de récidive. Elle est restée facultative en ce qui concerne les délits commis par les autres modes de publication.

Pour appliquer la récidive à la diffamation, le législateur a dû déroger aux règles générales qui la concernent. Le Code Pénal ne prononce la récidive de délit à délit qu'à une condition : c'est que la première condamnation ait été de plus d'une année d'emprisonne-

______

(1) Cassat. 28 avril 1854. 15 sept. 1854

ment. Or, l'article 1er de la loi du 17 mai 1819, fixe la durée de l'emprisonnement de cinq jours à un an.

Mais, pour que la récidive ait lieu, l'article 25 de la loi du 17 mai exige que la première condamnation ait été prononcée pour un délit de même nature.

Il est aussi reconnu que les tribunaux peuvent n'infliger au condamné que le maximum de l'amende ou de l'emprisonnement. Ils ne sont pas obligés d'infliger les deux peines. L'une ou l'autre peut être en effet prononcée séparément d'après la loi de 1819.

§ III. — *Cumul des peines.*

Aux termes de l'article 365 du Code d'Instruction criminelle, en cas de conviction de plusieurs crimes ou délits, la peine la plus forte doit seule être prononcée. En est-il ainsi au cas de diffamation? La loi de 1835 avait décidé la négative lorsque les faits qui donnaient lieu à condamnation étaient postérieurs à la première poursuite : lorsqu'ils étaient antérieurs, le cumul pouvait avoir lieu.

La loi du 9 septembre 1835 ayant été abrogée par le décret du 6 mars 1848, le Droit Commun était redevenu applicable. Mais l'article 9 de la loi du 16 juillet 1850 a remis en vigueur la disposition de la loi de 1835 en ce qui concerne les peines pécuniaires. Le décret du 17 février 1852 n'a pas innové quant à ce, en ordonnant que les dispositions du Code d'Instruction Criminelle en ce qui concerne les poursuites , devraient être désormais appliquées. Ce qui est en jeu, c'est une question relative au jugement et à son exécution , partant étrangère aux délais et aux poursuites. Bien entendu , il faut encore aujourd'hui comme en 1835, que les faits incriminés soient antérieurs à la première poursuite sinon le cumul n'aura pas lieu. « Quand un prévenu est poursuivi simultanément pour plusieurs délits, il ne doit pas perdre à l'exercice, divisé des actions du ministère public. Toutefois, cette raison cesse, quand les nouveaux délits sont postérieurs à la première poursuite, et il ne faut pas que la certitude d'avoir mérité déjà toute la sévérité de la juridiction pénale laisse jusqu'au jugement le prévenu sans frein et la société sans garantie » (1).

---

(1) Rapport sur la loi du 9 septembre 1835

APPENDICE

Législations étrangères.

Les règles principales qui sont en vigueur dans les législations Anglaise et Belge, vont être ici retracées en ce qui touche la diffamation contre les simples particuliers. Il est intéressant de voir comment, dans deux pays voisins, où la liberté de la presse existe depuis longtemps, en théorie comme en pratique, l'honneur et la considération des citoyens se trouvent protégés. Quant aux autres législations Européennes, force m'est de garder le silence, n'en ayant pas trouvé les textes.

SECTION I

LÉGISLATION ANGLAISE

Le trait le plus caractéristique de cette législation est la distinction établie par elle entre l'offense commise par la parole « *slander* » et celle commise par l'écriture « *libel* ». Les règles sont différentes, suivant qu'il s'agit de l'un ou de l'autre de ces délits. Cette distinction

vient du Droit Romain ; on ne veut pas punir également
deux individus dont la culpabilité n'est pas égale.

I° De l'offense verbale ou « *slander* ». Elle ne donne
lieu qu'à une action civile.

La loi anglaise distingue deux sortes de propos :

1° Les uns, dont le résultat peut être de faire poursuivre par la justice la personne qui en est l'objet, de la
mettre au ban de la société, de nuire à son crédit. Pour
ceux-là, l'action civile est accordée, sans que le plaignant doive établir l'existence d'un préjudice par lui
subi.

2° Les autres sont ceux qui ne rentrent pas dans la
première catégorie. Il faut, pour intenter l'action, justifier d'un préjudice particulier : sinon le propos restera
impuni.

Dans les deux cas, la preuve de l'allégation est
admise : son effet sera de faire absoudre le prévenu :
car s'il y a préjudice, il n'y a pas injure.

Malheureusement, la loi Anglaise ne s'est pas bornée
à emprunter à la loi Romaine, la différence qu'elle a
mise entre le « *slander* et le *libel* » elle a reproduit en
partie la règle : *secundum gradum dignita is crescit aut
minuitur injuria*. Ainsi, les offenses verbales, regardées
comme insignifiantes à l'égard d'un simple particulier
deviennent punissables si elles sont adressées à un
grand officier de la Couronne, à un pair ou à un juge.
Il y a lieu alors à l'action criminelle « *per scandalum
« magnatum.* ». Celle-ci peut être intentée et par la vic-

time du délit, et par la Couronne. Il faut dire qu'en pratique, ceux qui ont ce privilége y renoncent et intentent l'action civile comme de simples particuliers.

II. Offense écrite ou libelle.—Ici la vérité du fait imputé ne peut être établie. La maxime *veritas convicii non excusat*, a, en matière de libelle, une sœur dans la législation Anglaise. « *The more the truth, the more the libel.* » « Plus il y a de vérité, plus c'est un libelle. » Quelle en est la raison ? Est-ce comme le disait un ancien auteur, « parce qu'il est moins difficile de détruire la calomnie qui suppose ce qui n'est pas, que la médisance qui objecte ce qui est ? » Non, cela tient à ce que « c'est la provocation et non la fausseté » qui est punissable au criminel (1).

C'est, en effet, par la voie criminelle que l'auteur d'un libelle est poursuivi au nom de la Couronne, comme perturbateur du repos public. Cependant, même au criminel, on a essayé d'introduire l'admissibilité de la preuve, en laissant au jury la latitude de condamner, malgré la vérité du fait imputé dans le cas où le libelliste aurait été animé par une intention méchante. Cette restriction à la règle « *veritas convicii excusat* » était excellente ; nous retrouverons quelque chose d'analogue dans la législation Belge. Ces réformes sont restées à l'état de projet, comme cela leur arrive souvent. Le bill présenté par M. Brougham n'a pas passé. La jurispru-

---

(1) Blackstone, Tome V

dence a cependant singulièrement diminué la portée de la maxime de Lord Mansfield : « *the more the truth, the more the libel.* » Elle est entrée dans la voie tracée par Lord Brougham.

D'ailleurs la victime du délit, peut, si elle le préfère, prendre la voie civile ; dans ce cas la vérité du fait allégué procure l'impunité au diffamateur qui réussit à l'établir.

Même en prenant la voie civile, il y a encore une différence entre l'offense verbale et le libelle. Dans ce dernier cas toutes les imputations de nature à rendre une personne odieuse ou méprisable, sont également punissables sans qu'il soit jamais besoin de prouver l'existence d'un préjudice, preuve parfois nécessaire en « matière de *slander.* »

La peine consiste dans une amende, et dans telle peine corporelle qu'il paraîtra convenable à la Cour d'infliger à celui qui a composé, publié, ou même répété un libelle diffamatoire.

Enfin, l'auteur d'un libelle dirigé contre la mémoire d'une personne sera puni, s'il est prouvé qu'il a voulu déshonorer ou faire mépriser ses enfants ou descendants. Le motif de cette poursuite, d'après lord Coke, est d'empêcher ceux de la même famille, du même sang, ou société, de se venger et de troubler ainsi la paix publique. « *Lest it stirs up others of the same family, blood » or society to revenge, and to break the peace.* »

On voit que si l'amour-propre national fait dire aux

Anglais qu'ils n'ont pas fait d'emprunts au Droit Romain, la réalité n'est pas d'accord avec cette prétention. Il y a plus d'un trait de ressemblance entre la législation Anglaise et les lois Romaines, en ce qui concerne la diffamation.

SECTION II.

LÉGISLATION BELGE.

Le 15 octobre 1867 a été mis à exécution en Belgique, le nouveau Code Pénal, qui remplace le Code Pénal Français de 1810. Le législateur Belge a conservé quelques-unes de ses règles, en s'inspirant en même temps de la loi de 1819 , à qui il a fait d'ailleurs subir des modifications importantes.

Le chapitre V (Titre VIII, Livre II) du Code Pénal de 1867 est intitulé : des atteintes portées à l'honneur ou à la considération des personnes. Il comprend 10 articles, de 443 à 453.

L'article 443 est ainsi conçu :

« Celui qui, dans les cas ci-après indiqués a méchamment imputé à une personne un fait précis qui est de nature à porter atteinte à l'honneur de cette personne ou à l'exposer au mépris public, et dont la preuve légale n'est pas rapportée, est coupable de calomnie lorsque la loi admet la preuve du fait imputé et de diffamation lorsque la loi n'admet pas cette preuve ? »

Quels sont les cas où la preuve du fait imputé sera possible, en ce qui concerne les simples particuliers ?

L'article 447 § 2 répond à cette question : C'est quand l'auteur de l'imputation pourra faire valoir pour sa défense la preuve résultant d'un jugement ou de tout autre acte authentique.

L'article 447 § 2 du nouveau Code n'est donc, quant aux faits relatifs à la vie privée que la reproduction de l'article 370 § 2 du Code Pénal de 1810. Cette règle est d'ordre public ; les parties ne pourraient donc y déroger par des conventions particulières. Quand bien même elles seraient d'accord pour faire par témoins la preuve de certains faits rentrant dans la vie privée ; le tribunal ne les devrait pas écouter : s'il le faisait, l'on pourrait attaquer ce jugement par la voie de l'appel ou du pourvoi en Cassation (1).

La preuve du fait imputé peut donc être faite par un jugement ou tout autre acte authentique. Cette règle était sujette à critiques dans le Code de 1810 : celles-ci ne peuvent être reproduites en ce qui touche le Code de 1867. La nouvelle loi a en effet remédié aux inconvénients que présentait celle qu'elle remplace. L'article 449 décide ce qui suit :

Même dans le cas où, au moment du délit, il existe une preuve légale des faits imputés, s'il est établi que

______

(1) Cour de Bruxelles, 15 juin 1869. — *Pasicrisie* Belge, année 1870, partie 2, p. 53.

le prévenu a fait l'imputation sans aucun motif d'intérêt public ou privé, et dans l'unique but de nuire, il sera puni comme coupable de divulgation méchante, d'un emprisonnement de huit jours à deux mois, et d'une amende de 26 à 400 francs ou d'une des deux peines seulement.

Cette distinction est excellente : sera absous celui qui aura fait la preuve du fait par lui révélé dans un but d'intérêt public ou privé. Si, au contraire, ni l'un ni l'autre n'existait, il serait condamné : non pas comme calomniateur puisque le fait serait vrai, mais comme coupable de divulgation méchante. La peine est beaucoup moins rigoureuse puisque dans le premier cas elle est d'un emprisonnement de huit jours à un an et d'une amende de 26 à 500 francs. De cette manière l'on n'a pas à craindre que la malveillance ne vienne révéler, sans utilité aucune, des faits scandaleux dans le seul but de nuire à la considération d'autrui.

En ce qui concerne la question de publicité, la loi Belge est beaucoup plus claire que la loi Française. Chez nous, les mots « dans des lieux ou réunions publics » de la loi du 17 mai 1810 ont soulevé des controverses interminables sur leur sens précis. En Belgique, l'article 444 dont la disposition est plus explicite a coupé court à toutes ces difficultés.

L'immunité pour les discours prononcés ou les écrits produits devant les tribunaux, lorsque ces discours ou écrits sont relatifs à la cause, est la même qu'en France.

Quand les imputations ou injures sont étrangères à la cause et aux parties, elles peuvent donner lieu soit à l'action publique, soit à l'action civile des parties ou des tiers. Point n'est besoin, pour que les parties aient l'action qu'elles se la soient fait réserver.

Bien entendu, le ministère public ne peut poursuivre l'auteur des atteintes portées à l'honneur ou à la considération d'autrui que sur la plainte de la partie offensée. Quant aux morts ils sont protégés autant que les vivants : lors de la discussion qui a présidé la promulgation du nouveau Code Pénal Belge il a été dit : « la mémoire et le respect des morts ont de tout temps été considérés comme choses sacrées. » L'article 450 du Code Pénal a fait de ce respect un devoir.

« Si la personne est décédée sans avoir porté plainte
» ou sans y avoir renoncé, ou si la calomnie ou la
» diffamation a été dirigée contre une personne après
» son décès, la poursuite ne pourra avoir lieu que sur
» la plainte de son conjoint, de ses descendants ou de
» ses héritiers légaux jusqu'au troisième degré. »

Cette disposition montre on ne peut mieux la pensée du législateur Belge. La diffamation ou la calomnie dirigée contre la mémoire d'un mort est réprimée. mais pour que l'action puisse être intentée une condition est exigée : c'est qu'un intérêt d'affection ait été lésé. Au-delà du troisième degré de parenté, l'héritier légal qui ne sera ni le descendant ni le conjoint du mort, ne pourra invoquer les liens d'affection qui l'unissaient au défunt : l'action lui sera refusée (1).

Enfin, pour donner une idée générale de la loi Belge, sur les atteintes à l'honneur ou à la considération des personnes, je ne crois pouvoir mieux faire que. de reproduire les paroles prononcées, par le premier avocat-général devant la Cour suprême de Belgique.

« Le nouveau Code Pénal, disait-il , comprend dans » un cadre immense (2).

» La calomnie simple avec preuve authentique :

» La calomnie contre les fonctionnaires avec preuve par toutes voies de Droit.

» La divulgation méchante.

» Les diffamations dans leurs diverses nuances.

» L'injure verbale qualifiée.

» L'injure verbale simple. »

Le grand mérite de la législation Belge , c'est d'avoir

______

(1) Le Code Pénal de l'Empire d'Allemagne du 31 mai 1870 a une disposition à peu près analogue dans son article 189 : « celui qui, sciemment et de mauvaise foi, aura outragé la « mémoire d'une personne décédée en affirmant ou en répan· « dant un fait faux qui aurait été de nature à rendre le décédé « méprisable ou à l'abaisser dans l'opinion publique, sera puni « d'un emprisonnement de 6 mois au plus.

« En cas de circonstances atténuantes , la peine pourrait « être réduite à une amende de 300 thalers au plus.

« La poursuite n'aura lieu que sur la plainte du père , de la « mère , des enfants ou du conjoint de la personne décédée. » « — Il en est de même en Autriche.

(1) *Pasicrisie* Belge 1870 , partie première, page 421.

fixé par des dispositions expresses un grand nombre de points qui étaient matière à difficultés. Ce que l'on peut lui reprocher, c'est de n'avoir pas été aussi audacieuse qu'elle devait l'être. La preuve, même contre les simples particuliers, aurait dû être possible par toutes les voies de Droit, sauf en cas de révélation inutile et dans l'intérêt public et dans l'intérêt privé, à en condamner l'auteur comme coupable de divulgation méchante. La crainte d'une amende, et surtout d'un emprisonnement de 8 jours à deux mois, aurait été une garantie suffisante pour l'honneur des citoyens (1).

D'ailleurs, en Belgique, il y a beaucoup d'auteurs qui voudraient voir donner plus de latitude à la preuve des faits diffamatoires. « C'est une chose curieuse, dit » un professeur distingué M. Destriveaux, de voir la » loi estimer assez chaque citoyen pour croire qu'il est » impossible qu'il ait commis une action digne de mé- » pris, ou de haine, et de mépriser assez chaque » citoyen pour croire qu'il a menti en imputant à un » autre cette même action. D'un côté c'est une honnê-

---

(1) C'est ce qu'a fait le Code Pénal Allemand :

« La preuve de la vérité des faits imputés n'exclut par l'ap- » plication de la peine pour Injure (amende de 200 thalers au » plus, ou les arrêts, ou un emprisonnement pendant une » année au plus) si l'intention injurieuse résulte de la forme ou » des circonstances dans lesquelles l'imputation aura été » faite. » — art 192.

La peine de la calomnie est de 2 ans d'emprisonnement au plus et d'une amende.

« teté légale attribuée à chaque individu ; d'un autre
« côté , c'est une calomnie légale attribuée à chaque
« individu (1). » Avec le nouveau Code Pénal disons :
c'est une diffamation légale lorsque vous ne rapportez
pas un jugement ou tout autre acte authentique établis-
sant la vérité du fait imputé.

En France , bien des jurisconsultes ont critiqué les
principes de la loi de 1819 sur la diffamation. M.
Faustin Hélie s'est fait le défenseur éloquent et convaincu de l'opinion qui réclame la preuve par toutes
les voies de droit des faits diffamatoires imputés à de
simples particuliers. Toutefois le législateur semble
bien loin d'entrer dans cette voie. La loi de 1819 qui
réprime la diffamation a même été regardée comme insuffisante à la protection de la vie privée (2). En 1868
la loi du 11 mai a construit autour d'elle un second
mur , plus élevé , plus épais , que le premier. L'article
11 de cette loi qui y a été introduit par voie d'amendement est ainsi conçu :

« Toute publication dans un écrit périodique , relative
« à un fait de la vie privée constitue une contravention
« punie d'une amende de 500 francs.

-----

(1) Essais , page 146.

(2) Une protection nouvelle était réclamée pour la vie privée
qu'une presse avide de scandales , s'efforcait de dépouiller de
son inviolabilité consacrée par les revendications éloquentes
des philosophes et des législateurs — Circulaire du 4 juin
1868.

« La poursuite ne pourra être exercée que sur la
» plainte de la partie intéressée. »

Cette disposition porte le nom de son auteur : on l'appelle amendement Guilloutet. Elle a été votée par 132 voix contre 104.

Pour que cette contravention existe il faut deux conditions :

1° La publication dans un écrit périodique ;

2° L'énonciation d'un fait relatif à la vie privée.

Une fois leur existence établie , la peine doit être prononcée. Il n'est besoin ni d'intention malveillante , ni même de préjudice : une constation matérielle des deux éléments cités plus haut suffira amplement. Quant à la preuve du fait elle est bannie plus que jamais.

Cette disposition nouvelle a soulevé de vives critiques : On (1) lui a reproché de rendre impossibles désormais les portraits politiques et littéraires , les pamphlets , les critiques des vices et des ridicules contemporains ; en un mot d'étouffer un genre éminemment Français.

Si La Bruyère et Boileau vivaient encore, ils seraient, a-t-on dit , les premières victimes de cet article 11 , et voici comment, un de leurs successeurs dans l'art de bien écrire, Sainte-Beuve, s'exprimait dans le discours qu'il prononça au Sénat:

« Il est des travers et des vices qui ne relèvent que du
» ridicule : c'est un principe de goût et la loi le mécon-

---

(1) M. Giboulot. Code complet des lois de la Presse.

» naît par cet article 11. Les lois précédentes sur la
» diffamation et l'injure suffisaient amplement en pareille
» matière , le luxe de législation prête lui-même et à
» bon droit au ridicule. »

Il faut dire que c'est à peine s'il y a eu occasion d'appliquer cet article. La plupart du temps ceux et celles dont la presse se plaît à dévoiler un coin de la vie privée sont enchantés de cette indiscrétion qui les fait connaître du public, en le mettant au courant de leurs affaires. Dès lors, pas de poursuite , puisqu'elle peut seulement être exercée sur une plainte de la partie intéressée.

CONCLUSION.

Avant de terminer cette étude, qu'il me soit permis d'exprimer un regret et de formuler un vœu. Chaque changement dans la législation de la Presse amène une loi nouvelle qui laisse subsister dans les actes législatifs antérieurs toutes les dispositions qui ne lui sont pas contraires. Il en résulte qu'au grand détriment de la clarté nous avons pluralité de ois dans une matière, où , de toutes choses, l'unité serait la plus désirable. Telle loi n'en a-t-elle pas abrogé telle autre, voilà la question qu'il faut se poser à chaque instant? De là des doutes , partant, des controverses nombreuses. Dans notre sujet, que les innovations ont cependant épargné plus que tout autre, le décret de 1852, par exemple, a donné lieu à plus d'une difficulté.

Aussi, ne peut-on s'empêcher, de former un vœu : c'est de voir un Code complet de la Presse, venir prendre bientôt la place des lois si nombreuses, d'un esprit si différent qui la régissent aujourd'hui. En même temps que ce travail de coordination s'en imposera un autre, celui de révision. Il est à espérer que le législateur tranchera par un mot bien des controverses dont le silence, ou les expressions trop vagues de la loi, ont été la cause involontaire.

POSITIONS.

DROIT ROMAIN.

1. La règle « *Dies interpellat pro homine* » n'existait pas en Droit Romain.

L. 17, § 4 32 § 2. D., *de usuris*. 49 § 3. D., *de Verb. oblig*. C. 5,C., *de Act. empti*.

II. Lorsque plusieurs personnes doivent *correaliter* un corps certain, s'il vient à perir après la mise en demeure d'un seul des débiteurs, tous les autres sont libérés ; si c'est par la faute de l'un d'eux, tous restent tenus.

L. 18, D., *de Duobus reis*. 173 § 2 *de Reg. Juris*. 32 § 4, D., *de usuris*.

III. A partir du rescrit de Marc-Aurèle l'effet de l'exception de dol insérée dans l'action de droit strict fut d'amener la compensation et non l'absolution complète du défendeur.

L. 2, pr. D., *de exceptionibus*, L. 7, § 2 *in fine ad Senatusc. Vellei*. L. 38 *in fine* D. *de rei vindic*. Paul. Sentences, L. II, t. V, § 3.

IV. Pour distinguer une servitude rurale d'une servitude urbaine, il faut s'attacher à la nature du fonds dominant. Sera rurale la servitude appartenant à un fonds non bâti: urbaine, celle appartenant à une construction.

Inst. L. II, t, III § 1. L. I, § 11, D, *de aquâ quoti-*

dianâ , L. 1, D., *de servitut.*, L. 11 § 1, D., *de public. in rem act.* L. 1, § 1. D., *de Itin. actuque Priv.*

V. Dans l'action négatoire, le demandeur ne doit établir que son droit de propriété; il n'a pas à démontrer l'inexistence de la servitude.

L. 8 § 3, D., *si serv. vindic.* L. 15, D., *de operis novi nunciatione.* L. 5, pr. D., *si ususfr. pet.*

VI. C'est au sénatus-consulte Velléien qu'il faut rattacher la prohibition pour le mari d'hypothéquer le fonds dotal, même avec le consentement de sa femme

L. 4. D., *de fundo dotali.* Gaïus. Com. II , § 63. Paul , Sentences. L. II, t. XXI, B. § 2.

DROIT FRANÇAIS.

I. La diffamation contre les morts n'est pas un délit.

II. L'usufruitier qui a élevé des constructions sur le fonds grevé de son usufruit a le droit de réclamer une indemnité ou l'enlèvement de ses matériaux.

III. Il n'y a pas dans notre Droit de solidarité imparfaite.

IV. On ne peut, par des conventions particulières, déroger aux règles sur la non-admissibilité de la preuve testimoniale au-dessus de 150 francs.

V. L'hypothèque légale de la femme d'un commerçant tombé en faillite s'étend à la totalité de l'immeuble dont le mari était copropriétaire par indivis lors de son mariage, et qui lui a été depuis attribué en entier à titre de partage.

VI. Un étranger légalement divorcé dans son pays peut, du vivant de sa première femme, épouser en France une Française.

DROIT COMMERCIAL.

I. L'hypothèque est transférée par l'endossement de la lettre de change.

II. En règle générale, la preuve testimoniale est, en matière de commerce, admissible outre et contre le contenu aux actes.

DROIT CRIMINEL.

I. La poursuite en adultère intentée par le ministère public sur la plainte du mari est éteinte par le décès de celui-ci

II. L'article 23 de la loi du 17 mai 1819 dit que les faits diffamatoires étrangers à la cause, donneront lieu dans tous les cas à l'action civile des tiers. Un témoin est un tiers dans le sens de cet article.

DROIT ADMINISTRATIF.

I. L'autorité judiciaire est seule compétente pour statuer sur la diffamation commise par un préfet dans un arrêté préfectoral. En vertu de l'article 10 de la loi du 20 avril 1810, c'est la Cour d'Appel qui est compétente et non le Tribunal de Police correctionnelle.

II. La personne lésée par des imputations diffamatoires insérées dans la délibération d'un Conseil municipal a le droit de s'adresser à l'autorité judiciaire, et de saisir par sa plainte le Tribunal correctionnel.

DROIT DES GENS.

I. Pendant la guerre de la sécession, la reconnaissance des Etats du Sud comme puissance belligérante constituait de la part de la France et de l'Angleterre l'exercice d'un droit.

II. Un des belligérants n'est pas fondé à exiger d'un Etat neutre, comme l'accomplissement d'un devoir international, une loi prohibant l'exportation de la contrebande de guerre.

III. Les agents diplomatiques de l'ennemi transportés sur vaisseaux neutres faisant régulièrement le service pour toute espèce de voyageurs ne doivent pas être considérés comme contrebande de guerre.

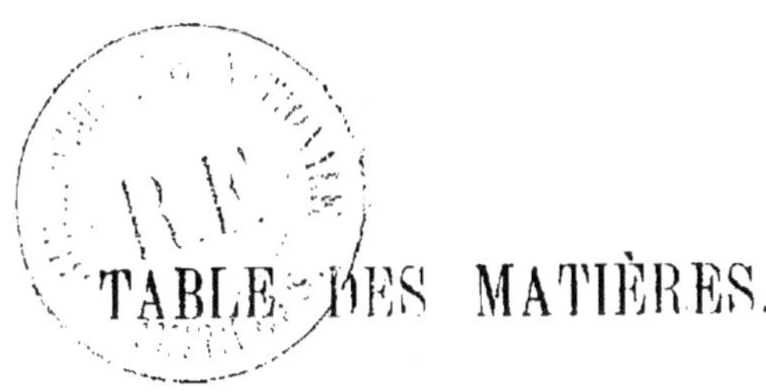

TABLE DES MATIÈRES.

———•••———

DROIT ROMAIN.

DROIT FRANÇAIS.

APPENDICE.

LÉGISLATIONS ÈTRANGÈRES.

Vu : ce 14 mai 1873,

Le Doyen, Président de la thèse,

BLONDEL.

Permis d'imprimer ce 15 mai 1873.

Douai.—Imp. Duthilloeul et Laigle

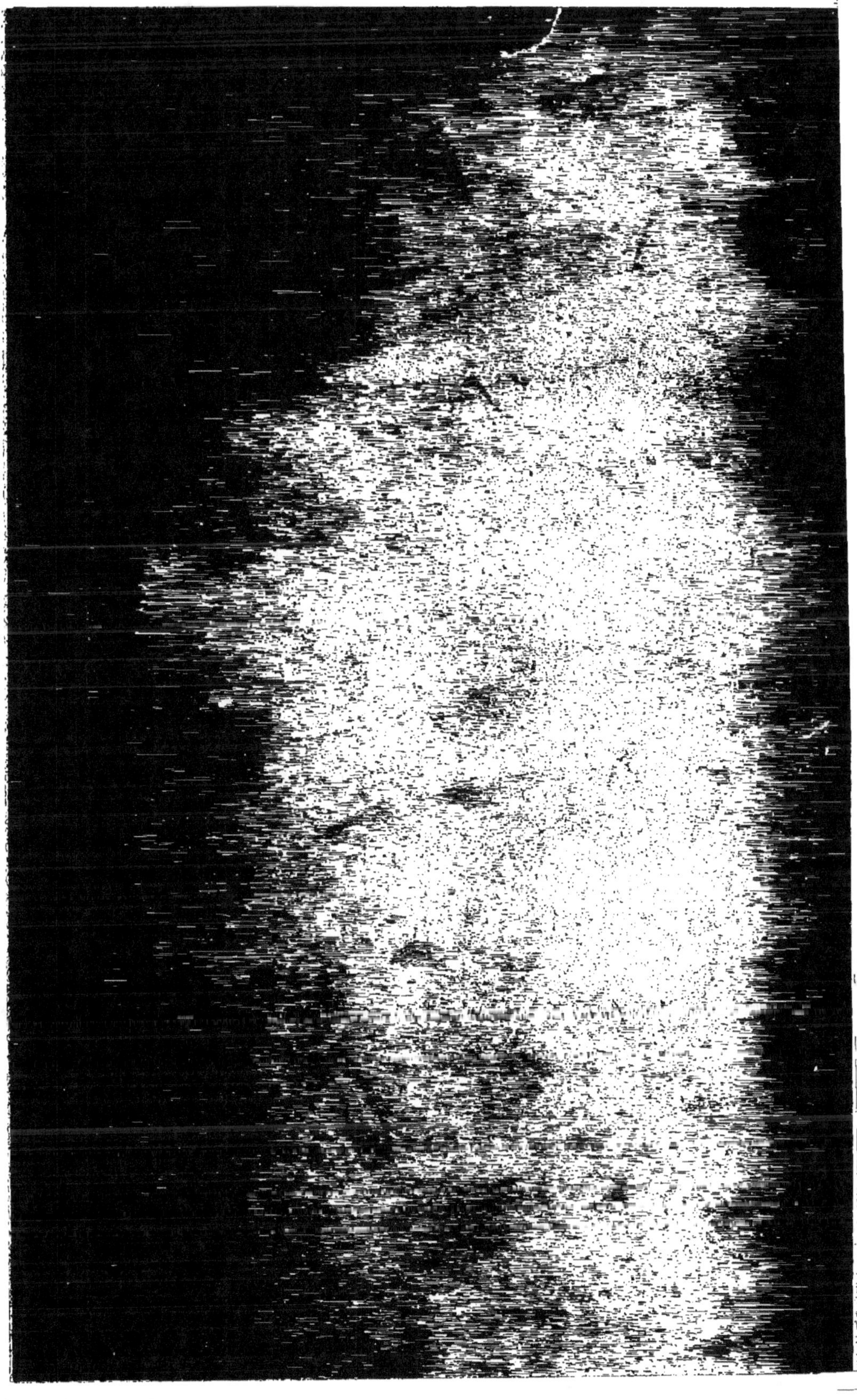